Reinhard Henkel und Wolfgang Herden (Hrsg.):

Stadtforschung und Regionalplanung in Industrie- und Entwicklungsländern
Vorträge des Festkolloquiums zum 60. Geburtstag von Werner Fricke

HEIDELBERGER GEOGRAPHISCHE ARBEITEN

Herausgeber: Dietrich Barsch, Werner Fricke und Peter Meusburger
Schriftleitung: Ulrike Sailer-Fliege und Heinz Musall

Heft 85

1989

Im Selbstverlag des Geographischen Institutes der Universität Heidelberg

Stadtforschung und Regionalplanung in Industrie- und Entwicklungsländern

Vorträge des Festkolloquiums zum 60. Geburtstag

von

Werner Fricke

herausgegeben von

Reinhard Henkel und Wolfgang Herden

Mit Beiträgen von Josef Gugler, Reinhard Henkel, Wolfgang Herden, Klaus-Dieter Roos, Peter Treuner und Klaus Wolf

ISBN 3-88570-085-9

1989

Im Selbstverlag des Geographischen Institutes der Universität Heidelberg

Anschriften der Autoren:

Prof. Dr. Josef Gugler, Entwicklungssoziologie, Universität Bayreuth, Postfach 101251, 8580 Bayreuth

Prof. Dr. Reinhard Henkel, Geographisches Institut, Universität Heidelberg, Im Neuenheimer Feld 348, 6900 Heidelberg

Priv.-Doz. Dr. Wolfgang Herden, Geographisches Institut, Universität Heidelberg, Im Neuenheimer Feld 348, 6900 Heidelberg

Dr. Klaus-Dieter Roos, Abteilung für Wirtschaftsförderung, Stadtverwaltung Mosbach, Postfach 1162, 6950 Mosbach

Prof. Dr. Peter Treuner, Institut für Raumordnung und Entwicklungsplanung der Universität Stuttgart, Pfaffenwaldring 7, 7000 Stuttgart 80

Prof. Dr. Klaus Wolf, Institut für Kulturgeographie der Universität Frankfurt/Main, Senckenberganlage 36, 6000 Frankfurt/Main 1

ISBN 3-88570-085-9

Druck: Goltze GmbH & Co. KG, Göttingen

Vorwort

Am 18. Mai 1987 fand aus Anlaß des 60. Geburtstages von Prof. Dr. Werner Fricke an der Universität Heidelberg ein Kolloquium zum Thema "Stadtforschung und Regionalplanung in Industrie- und Entwicklungsländern" statt. Hier berichteten je ein Kollege und ein Schüler Frickes über neuere Forschungen in den drei wichtigsten Arbeitsbereichen des Jubilars: Entwicklungsländer, insbesondere Afrika, Stadt-Umland-Beziehungen und Regionalplanung. Diese Vorträge werden im vorliegenden Band veröffentlicht, sozusagen als nachträgliche Geburtstagsgabe der Kollegen und Schüler. Dabei ist die Vortragsform weitgehend beibehalten worden. Am Kolloquium nahmen neben Kollegen aus der gesamten Bundesrepublik sowie Mitarbeitern und Studenten aus Heidelberg auch viele ehemalige Schüler W. Frickes teil, die jetzt im Schuldienst oder in anderen Berufen tätig sind, ein Hinweis darauf, daß diese ihren Lehrer schätzen und ihm weiter verbunden sind. Die Beiträge versuchen, etwas von der Weite, der Interdisziplinarität und dem Anwendungsbezug von Frickes Forschungen widerzuspiegeln. Dies kommt auch darin zum Ausdruck, daß neben vier Geographen auch ein Soziologe und ein Regionalwissenschaftler zu Wort kommen.

R. Henkel/ W. Herden

INHALTSVERZEICHNIS

R. HENKEL und W. HERDEN:
Werner Fricke 60 Jahre — 1

Wissenschaftliche Veröffentlichungen von Werner Fricke — 6

Abgeschlossene Dissertationen bei Werner Fricke — 12

J. GUGLER:
Vier Phasen der Urbanisierung in Schwarzafrika — 13

R. HENKEL:
Geographie in der Entwicklungsländerforschung - Anspruch,
Wirklichkeit und Möglichkeiten — 25

K. WOLF:
Stadt und Region. Entwicklungstendenzen am Ende der achtziger Jahre — 33

W. HERDEN:
Der aktuelle Stand der Suburbanisierung im westlichen Rhein-Neckar-Raum — 47

P. TREUNER:
Zur Entwicklung des Siedlungsflächenbedarfs in der Bundesrepublik
Deutschland — 65

K.-D. ROOS:
Die Reaktivierung von Industriebrachen als Beitrag zur Reduzierung des
Freiflächenverbrauchs - das Beispiel Industriepark Mosbach - — 77

WERNER FRICKE 60 JAHRE

Am 18. Mai 1927 wurde Werner Fricke als Sohn einer Zahnarztfamilie in Altentreptow/Vorpommern geboren. Dort verlebte er seine Jugend, und im benachbarten Neubrandenburg/Mecklenburg besuchte er ab 1937 die Oberschule. Seine Schulzeit wurde jedoch jäh durch den Zweiten Weltkrieg unterbrochen. Als Sechzehnjähriger wurde er noch 1943 zum Kriegsdienst eingezogen, hatte Verwundung und Gefangenschaft in der Sowjetunion zu überstehen, bevor er dann 1947 in Neubrandenburg sein Abitur ablegen konnte.

Im Anschluß daran begann er 1947 das Studium der Geographie, Geschichte, Geologie, Land- und Forstwirtschaft an der Universität Greifswald, das er 1952 mit dem Diplom in Geographie und Geschichte abschloß. Die ihn prägenden Lehrer in Greifswald sorgten dafür, daß der genetische Ansatz als bedeutsam "abgespeichert" wurde und für seine späteren Forschungen immer wichtig war: Der Geograph F. Mager war ein Vertreter der historischen Kulturlandschaftsgenese, der Historiker A. Hofmeister führte in die mittelalterliche Geschichte und die pommerische Landesgeschichte und Landeskunde ein, und schließlich betonte der Geologe S. v. Bubnoff die paläogeographische Richtung in der Erdgeschichte.

Ein frühes Ergebnis dieser Greifswalder Studienzeit ist ein Aufsatz des Studenten Fricke mit historisch-geographischer Fragestellung, der in der Festschrift für W. Unverzagt zur Veröffentlichung angenommen wurde (Literaturverzeichnis Nr. 1). Nach seinem Examen 1952 war Fricke Assistent am Geographischen Institut Greifswald.

1953 folgte er A. Krenzlin, die ihn während ihrer kurzen Lehrtätigkeit in Greifswald durch ihre modernen siedlungsgeographischen Fragestellungen und Methoden stark beeindruckt hatte, nach Frankfurt. Die Dissertation über die Agrarlandschaft des Limburger Beckens und der dazugehörigen Gebirgsumrahmung des Taunus und Westerwaldes (Nr. 7) 1958 trägt in ihrem Titel das Stichwort "Sozialfaktoren", was deutlich zeigt, daß Fricke sich nicht nur in einen neuen Raum - das weitere Rhein-Main-Gebiet - einarbeitete, sondern auch von der Arbeitsausrichtung Neues aufnahm. Damit ist die Dissertation nicht, wie ursprünglich geplant, die Untersuchung der Flurformengenese einer alten Lößbeckenlandschaft geworden, da für einen solchen Nachweis das erforderliche Quellenmaterial nicht ausreichend war, sondern sie steht in der neuen Richtung des sozialgeographischen Ansatzes über den Einfluß geistlicher und weltlicher Territorien auf den Raum, was damals für Süddeutschland erstmalig herausgearbeitet wurde. Dieser Ansatz wurde in Frankfurt vor allem durch W. Hartke vertreten. R. Geipel und H. Hahn (Bonn) hatten ihn in Bezug zu unterschiedlichen konfessionellen Verhaltensmustern gesetzt. Fricke stellte von diesem Ansatz her in historischer Rückführung den Zusammenhang zwischen dem Agrarraum und der räumlich differenzierten

Siedlungs- und Bevölkerungsstruktur heraus.

Als Assistent am von H. Lehmann geleiteten Frankfurter Institut wandte Fricke sich stärker gegenwartsorientierten Forschungsgegenständen zu, zunächst dem Prozeß der Wohnvorortbildung, später Suburbanisierung genannt, im Rhein-Main-Gebiet (Nr. 11, 13 und 34).

Nach ersten Vorarbeiten und Forschungsaufenthalten zur Untersuchung des Reisanbaus in Spanien 1958/59 zeigte sich, daß das Thema bereits von einem anderen Kollegen bearbeitet wurde. Dies bedeutete für Fricke Aufbruch in ein neues Gebiet, da von H. Lehmann nach der Doktorarbeit im Inland eine Habilitation im "Ausland", möglichst Übersee, dringend angeraten wurde. So entschloß er sich 1961 als einer der ersten deutschen Geographen, mit Unterstützung durch die Deutsche Forschungsgemeinschaft, in Nigeria zu arbeiten. Die Vorplanung dazu war bestimmt von guten Kontakten zu dem Sprachwissenschaftler und Historiker H. Soehlken, den Mitgliedern des Frobenius-Instituts und Kollegen, die bereits in Afrika arbeiteten, z.B. W. Kuls in Äthiopien.

Auf der Grundlage der regelhaften naturräumlichen Zonierung und einer sozialräumlichen Differenzierung wollte Fricke die bestimmenden Faktoren der kulturräumlichen Entwicklung nachweisen. Die Konfrontation mit der aktuellen Problematik der Viehwirtschaft in Nigeria eröffnete neue Kontakte mit Veterinären und Volkswirtschaftlern und die Möglichkeit einer großräumlichen Untersuchung. Die Habilitationsschrift (Nr. 29) wurde damit zu einer angewandten Arbeit und stellt einen Meilenstein in der Bewertung afrikanischer Viehwirtschaft dar, indem sie den einzelnen Betrieb, d.h. den Produzenten, in den Mittelpunkt der Betrachtung, Klassifizierung und der räumlichen Gliederung stellt. Dabei konnte Fricke z.B. mit Hilfe der Marktstatistik belegen, daß der Mythos der Thesaurierung heute nicht mehr gültig ist, sondern eine in der Tradition eingebettete Rationalität vorherrscht. Bedingt durch einen längeren Krankenhausaufenthalt 1964/65 konnte Fricke erst spät am Afrika-Kartenwerk der Deutschen Forschungsgemeinschaft mitarbeiten. Durch die Übernahme der Blätter Bevölkerungs- und Siedlungsgeographie Lake Victoria wurde Ostafrika ein weiterer Forschungsschwerpunkt. Auch hier standen und stehen die Wechselwirkungen zwischen Naturraum und Siedlung im Mittelpunkt seines Interesses.

1969 wurde Fricke als Wissenschaftlicher Rat und Professor nach Marburg berufen. Obwohl dieser Standort für Fricke nur eine kurze Zwischenstation auf dem Weg zu einem geographischen Lehrstuhl war, fielen seine beiden Jahre in der oberhessischen Universitätsstadt aber in eine bedeutende Zeitepoche der gesellschaftlichen Nachkriegsentwicklung der Bundesrepublik im allgemeinen, und in eine Transformationsphase der geographischen Wissenschaft in diesem Lande im besonderen. Gesellschaftlich war es die Zeit der Studentenunruhen, wissenschaftlich die Zeit eines Paradigmenwechsels im geographischen Arbeiten, der

Durchbruch der sogenannten "quantitativen Revolution". Mit seinem sozialgeographischen Ansatz in der Anthropogeographie war Fricke am Marburger Geographischen Institut der richtige Mann zur richtigen Zeit für die sozialkritische, progressive Studentengeneration der end-sechziger Jahre. Und neuen Forschungsmethoden und Arbeitstechniken hatte er schon immer offen gegenüber gestanden. So hatte er zum Beispiel in seiner Frankfurter Zeit die Übung "Luftbildinterpretation" neu in das Geographiestudium eingeführt und seit 1960 dafür als Lehrbeauftragter fungiert. Konsequenterweise wurde daher auch der Einsatz quantitativer Methoden in der Anthropogeographie von Fricke in Marburg in die geografische Lehrtätigkeit integriert und in dem neuen Forschungsschwerpunkt Bevölkerungsgeographie an seiner künftigen Wirkungsstätte systematisch in der Empirie eingesetzt.

Zwei in etwa zeitgleiche Berufungen auf geographische Lehrstühle ergingen damals an Fricke. Er entschied sich für den Hettner-Lehrstuhl am Geographischen Institut der Universität Heidelberg und trat dort 1971 die Nachfolge von G. Pfeifer an. Der neuen Entwicklung in Forschung und Lehre konnte er nunmehr voll Rechnung tragen. Im Rahmen des DFG-Schwerpunktprogramms Bevölkerungsgeographie, in dem das Geographische Institut in Heidelberg unter seiner Leitung die Bevölkerungsstrukturen und deren raum-zeitliche Veränderungen im Rhein-Neckar-Raum untersuchte, wurden konsequent quantitative Methoden auf sozial- und regionalwissenschaftliche Fragestellungen angewendet. Fricke achtete jedoch stets darauf, daß diese Methoden nicht zum Selbstzweck entarteten, sondern lediglich als unverzichtbares Hilfsmittel in Analyse und Interpretation fungierten. Als Lehrstuhlinhaber für Anthropogeographie und Direktor des Geographischen Instituts stellte er aber auch im Lehrbereich die Weichen für Innovationen im Geographiestudium. Neue Veranstaltungen wie die Vorlesung und das Seminar "Einführung in das Studium der Geographie", "Quantitative Methoden und ihre Anwendung in der Geographie", "Methoden der empirischen Sozial- und Regionalforschung" und "Anthropogeographisches Geländepraktikum" wurden zum festen Bestandteil der Ausbildung von Geographiestudenten.

Die Arbeiten zum Verstädterungsprozeß des urbanen Umfeldes, die Fricke in Frankfurt begonnen hatte, wurden und werden weiterhin im Rhein-Neckar-Raum zielstrebig fortgesetzt. Bereits in der ersten Studie über "Lage und Struktur als Faktoren des gegenwärtigen Siedlungswachstums" (Nr. 11) ging es Fricke um den Einfluß der geographischen Grundkategorien Distanz und chorologische Differenzierung auf die Bewertung durch unterschiedliche sozio-ökonomische Schichten der Bevölkerung. Die räumlichen Gesetzmäßigkeiten des besonders für Süddeutschland charakteristischen Ineinandergreifens von Rückgang landwirtschaftlicher Existenz und Zuwanderung ortsfremder Bevölkerung wurde z.B. im "Modellgebiet Vorderpfalz" am Einfluß von Ludwigshafen durch zahlreiche Detailanalysen seiner Schüler studiert. Über den Rhein-Neckar-Raum wurden insgesamt mehr als 100 Staatsexamens-, Magister-, Diplom- und Doktorarbeiten von ihm angeregt, betreut und zum Abschluß geführt. In nahezu allen diesen Studien mußten von den Bearbeitern aufwendige empirische Untersuchungen durchgeführt werden. Die Untersuchungsergebnisse wurden stets auch den Institutionen der Raumforschung und Regionalplanung zur Verfügung gestellt. Überhaupt hat Fricke seine Arbeit immer auch als anwendungsorientiert aufgefaßt. Als Ausdruck und Anerkennung seiner geschätzten Mitarbeit in der Praxis verdienen seine Mitgliedschaften und Beiratsfunktionen in verschiedenen Gremien der Planung und der Planungs- und Verwaltungskontrolle Erwähnung. Seit 1973 ist Fricke Mitglied der Internationalen Konferenz der Regionalplaner am Oberrhein, seit 1974 korrespondierendes Mitglied der Akademie für Raumforschung und Landesplanung Hannover, seit 1976 Altstadtbeirat der Stadt Heidelberg (Stadtsanierung), seit 1977 Wissenschaftlicher Beirat im Planungsausschuß des Regionalverbandes Unterer Neckar im Raumordnungsverband Rhein-Neckar.

Neben der verstärkten Bearbeitung des Rhein-Neckar-Raums hat Fricke aber auch während seiner Heidelberger Zeit den anderen großen Forschungsschwerpunkt Afrika beibehalten und beträchtlich ausgebaut. Sowohl nach Ost- als nach Westafrika, die er des öfteren selbst bereist hat, wurden Exkursionen mit Studenten unter seiner Leitung durchgeführt. Auf den Forschungsreisen wie auch auf den Exkursionen wurden vor allem Fragen der Bevölkerungs- und Siedlungsgeographie untersucht, wobei auch hier wieder die Interrelation zwischen Naturraum und Siedlung im Mittelpunkt des Interesses stand. In Kamerun, SO-Nigeria und Algerien führte Fricke anwendungsorientierte Untersuchungen durch, die in Gutachten den entsprechenden Planungsbehörden zur Verfügung stehen. Die neue Methodik dieser Arbeiten beruht auf der Ausschöpfung von Satellitenbildern und computerkartographisch ausgewerteten Dateien und deren Verknüpfung mit gezielter Feldarbeit, sowie einer engen Zusammenarbeit mit Kollegen anderer Fachbereiche. Bei solcher Teamarbeit konnte Fricke als Geograph in einer Gesamtsynthese über die Erweiterung des regionalgeographischen Ansatzes und die Gewichtung der verschiedenen Faktoren die Interdependenz zwischen Natur- und Sozialraum herausarbeiten, die für die praktische Planung auf der Basis unterschiedlicher Maßstäbe von entscheidender Bedeutung ist, insbesondere dort wo Verwaltungs- oder Planungsgrenzen neu zu definieren bzw. zu koordinieren sind. Anwendungsbezug und interdisziplinäres Denken waren und sind wichtige Charakteristika der Forschung Frickes in Afrika. Daraus haben sich u.a. auch Mitgliedschaften und Leiterfunktionen ergeben. So ist er seit 1979 Mitglied der "Association for the Advancement of Agricultural Science in Africa", und zusammen mit dem Mediziner E. Hinz hat er seit 1983 die Leitung des Arbeitskreises Geomedizin im Zentralverband der deutschen Geographen inne.

Neben Forschung und Lehre hat sich Fricke in Heidelberg intensiv in den unterschiedlichen Organen der universitären Selbstverwaltung engagiert. Von 1971 bis 1976 war er Mitglied der Planungskommission des Verwaltungsrats der Universität, von 1976 bis 1979 des Verwaltungsrats selbst. Von 1981 bis 1983 war er Prodekan, von 1983 bis 1985 Dekan der Fakultät für Geowissenschaften. Seinen

Aktivitäten und seiner regelmäßigen Präsenz im Bauausschuß der Universität ist es zu verdanken, daß das Geographische Institut 1978 aus den beengten Verhältnissen des Hexenturmtraktes in der Heidelberger Altstadt in ein modernes und geräumiges Gebäude im neuen Campus der Universität im Neuenheimer Feld einziehen konnte. Seiner Beharrlichkeit ist es auch zu verdanken, daß im Jahre 1983 neben den bereits vorhandenen Lehrstühlen für Physio- und Anthropogeographie ein dritter, neuer Lehrstuhl für Wirtschafts- und Sozialgeographie am Institut eingerichtet und besetzt werden konnte.

Werner Frickes wissenschaftliches Arbeiten ist durch eine große Offenheit, interdisziplinäres Denken und Diskutieren gekennzeichnet. Obwohl er sein Fach, die Geographie, liebt, sich als Geograph versteht und auch immer die Geographie als "Zunft" förderte, war er nie, auf Grund seiner breiten Ausbildung und weiter Interessen, "Nur-Geograph", sondern legte viel Wert auf den Kontakt mit den Nachbarfächern.

Die Herausgeber dieses Bandes wünschen ihrem Doktorvater weiterhin erfolgreiches, produktives wissenschaftliches Arbeiten auch im begonnenen neuen Jahrzehnt seines Lebens.

R. Henkel/ W. Herden

Wissenschaftliche Veröffentlichungen von WERNER FRICKE

1. (1954): Der Paß von Nehringen. - Frühe Burgen und Städte. Deutsche Akademie der Wissenschaften zu Berlin, Schriften der Sektion für Vor- und Frühgeschichte, 2, S. 81-84. Berlin
2. (1953-1962): Hoher Taunus. - Handbuch der naturräumlichen Gliederung Deutschlands, 1, S. 437-440. Remagen
3. (1953-1962): Ingelheimer Rheinebene. - Handbuch der naturräumlichen Gliederung Deutschlands, 1, S. 349-350. Remagen
4. (1953-1962): Rheingau. - Handbuch der naturräumlichen Gliederung Deutschlands, 1, S. 347-349. Remagen
5. (1957): Zusammen mit W. Kuls: fachliche Mitarbeit am Bildband "Die Waterkante", Deutsche Buchgemeinschaft. Berlin
6. (1958): Zusammen mit T. Müller-Alfeld: fachliche Mitarbeit am Bildband "Italien", Deutsche Buchgemeinschaft. Berlin
7. (1959): Sozialfaktoren der Agrarlandschaft des Limburger Beckens. - Rhein-Mainische Forschungen, 48, 158 S.
8. (1959): Fachliche Mitarbeit am Bildband "Österreich", Deutsche Buchgemeinschaft. Berlin
9. (1960): Die Beeinflussung der sozialräumlichen Struktur durch die nassauischen Territorien. - Nassauische Annalen, 71, S. 174-184
10. (1960): Fachliche Mitarbeit am Bildband "Frankreich", Deutsche Buchgemeinschaft. Berlin
11. (1961): Lage und Struktur als Faktoren des gegenwärtigen Siedlungswachstums im nördlichen Umland von Frankfurt. - Rhein-Mainische Forschungen, 50, S. 45-83
12. (1962): Fachliche Mitarbeit am Bildband "Spanien - Portugal", Deutsche Buchgemeinschaft. Berlin
13. (1963): Die räumliche Verteilung der Wohnhaustypen im Rhein-Main-Gebiet auf Grund der Gebäudezählung 1961. - Rhein-Mainische Forschungen, 54, S. 119-138
14. (1963): Fachliche Mitarbeit am Bildband "Griechenland", Deutsche Buchgemeinschaft. Berlin
15. (1963): Zusammen mit F. Weltz: Survey of cattle population in the Niger Dam Area. Geographisches Institut der Universität (Maschinenschriftl. vervielfältigt), 38 S. Frankfurt am Main
16. (1964): Luftbild "Mittelrheintal". - Die Erde, 95, S. 241-245
17. (1964): Cattle husbandry in northern Nigeria: natural and social environments, characteristics and seasonal movements. - The cattle and meat industry in northern Nigeria. S. 1-102. Frankfurt am Main (rotaprint)
18. (1964): Zusammen mit F. Weltz: Experts report on a cattle census in northern Nigeria carried out by aerial photographs and aerial observation. - The cattle and meat industry in northern Nigeria, S. 103-130, Frankfurt am Main (rotaprint)

19. (1965): Herdenzählung mit Hilfe von Luftbildern im Gebiet des künftigen Niger-Stausees (Nordnigeria). - Die Erde, 96, S. 206-233
20. (1965): Zusammen mit K. Völger: Falschfarben-Photographie für die Luftbild-Interpretation. - Umschau in Wissenschaft und Technik, 14, S. 441-443
21. (1965): Bericht über agrargeographische Untersuchungen in der Gombe Division, Bauchi Province, Nord-Nigeria. - Erdkunde, 19, S. 233-238
22. (1966): Zusammen mit W. Kuls: Luftbilder aus Hessen: Schau und Deutung der Kulturlandschaft. 170 S. Konstanz
23. (1966): Frankfurt am Main. - Berichte zur deutschen Landeskunde, 37, S. 210-216
24. (1966): Königstein im Taunus. - Berichte zur deutschen Landeskunde, 37, S. 276-278
25. (1966): Kronberg. - Berichte zur deutschen Landeskunde, 37, S. 280-281
26. (1967): Natur- und sozialräumlich bedingte Agrarprobleme eines afrikanischen Entwicklungslandes, unter besonderer Berücksichtigung der Rinderhaltung in Nordnigeria. - Manuskr. 308 S. (Habilitationsschrift)
27. (1968): Zusammen mit H. Lehmann: Anneliese Krenzlin zum 65. Geburtstrag am 26. September 1968. - Geographische Zeitschrift, 56, S. 161-164
28. (1969): Nordnigeria, Probleme der Bevölkerungsbewegung eines sudanischen Entwicklungslandes. - Tagungsberichte und wissenschaftliche Abhandlungen, Deutscher Geographentag Bad Godesberg, 1967, 26, S. 249-259
29. (1969): Die Rinderhaltung in Nordnigeria und ihre natur- und sozialräumlichen Grundlagen. - Frankfurter Geographische Hefte, 46, 252 S., (Erweiterte und veränderte Fassung der Habilitationsschrift)
30. (1969): Zusammen K. Völger: Einführung in die Methodik der Interpretation von Luftbildern, ihre technische Bedingungen und Reproduzierbarkeit. - Der Erdkundeunterricht, 10, S. 23-35
31. (1969): Anbau von Sonderkulturen in der Gemarkung der Stadt Ingelheim. - Berichte zur deutschen Landeskunde, 43, S. 123-127
32. (1969): Zusammen mit K. Lenz: Der Beitrag Friedrich Magers zur historischen Geographie und Kulturlandschaftszonen: eine Würdigung zum 85. Geburtstag. - Berichte zur deutschen Landeskunde, 43, S. 213-220
33. (1969): Winterkasten - ein Odenwälder Reihendorf mit Waldhufenflur. - Hessen in Karte und Luftbild. Topographischer Atlas, 1, S. 125-127. Neumünster
34. (1971): Sozialgeographische Untersuchungen zur Bevölkerungs- und Siedlungsentwicklung im Frankfurter Raum. - Rhein-Mainische Forschungen, 71, S. 11-74.
35. (1972): Geographische Faktoren der agraren Produktion in Entwicklungsländern, dargestellt am Beispiel Westafrikas. - Bad Wildunger Beiträge zur Gemeinschaftskunde, 4, S. 282-329. Wiesbaden.

36. (1972): Winterkasten - ein Odenwälder Reihendorf mit Waldhufenflur. - Luftbildatlas Bundesrepublik Deutschland. S. 114-115. München
37. (1974): Vier Jahrzehnte wissenschaftlicher Forschung von Hans Graul. - Heidelberger Geographische Arbeiten, 40, S. 1-13
38. (1975): Laudatio (Anneliese Krenzlin). - Rhein-Mainische Forschungen, 80, S. 27-31
39. (1975): Versuch einer Bewältigung der Vielfalt siedlungsgeographischer Forschungsansätze. - Rhein-Mainische Forschungen, 80, S. 253-262
40. (1975): Die Tragfähigkeit von natürlichem Weideland und ihre Kartierung: Bericht von der ersten Tagung des International Livestock Centre of Africa vom 3.-8.3.1975 in Bamako/Mali. - Erdkunde, 29, S. 234- 237
41. (1976): Tsetse infestation and cattle husbandry in the savannah of Nigeria. - Methoden und Modelle der geomedizinischen Forschung. Erdkundliches Wissen, 43, S. 138-156
42. (1976): Grazing capacity as a function of regional socio-economic structure. - Evaluation and mapping of tropical rangelands: Proceedings of the seminar Bamako-Mali, 3.-8. March 1975, S. 373-378, International Livestock Centre of Africa, Addis Abeba
43. (1976): Bevölkerung und Raum eines Ballungsgebietes seit der Industrialisierung: eine geographische Analyse des Modellgebietes Rhein-Neckar. - Veröffentlichungen der Akademie für Raumforschung und Landesplanung: Forschungs- und Sitzungsberichte, 111, S. 1-68
44. (1976): Räumliche Bevölkerungsbewegung im Rhein-Neckar-Raum im Industriezeitalter: Thesenpapier. - Veröffentlichungen der Akademie für Raumforschung und Landesplanung: Forschungs- und Sitzungsberichte, 117, S. 32-37
45. (1978): Regional aspects of the productivity of the cattle husbandry in Nigeria. 19 S., Proceedings of the Conference on Regional Geography in Africa, 1978, Lagos, International Geographical union. Heidelberg (maschinenschriftlich)
46. (1978): Man-made lakes in Africa, their benefits and problems: Report on the International conference on Kainji Lake and River Basin Development in Africa, Ibadan, Nigeria 11.th-17.th December 1977. - Geo Journal, 2, S. 382-384
47. (1978): Zusammen mit H.H. Bott, R. Henkel u. W. Herden: Ergebnisse quantitativer Untersuchungen zur meso- und mikroregionalen Bevölkerungsgeographie des Rhein-Neckar-Raumes. - Tagungsberichte und wissenschaftliche Abhandlungen, 41. Deutscher Geographentag Mainz 1977, S. 45-71
48. (1979): Zusammen mit R. Henkel und Ch. Mahn: Bericht über die Arbeitsexkursion des Geographischen Instituts Heidelberg nach Zentral- und Nord-Kenya vom 1. bis 30.9.1978. - Afrika-Informationen, Abteilung für Afrikaforschung des Geographischen Instituts der Universität zu Köln, 2, S. 21-22

49. (1979): Bevölkerungs- und Siedlungsstruktur als Ausdruck landschaftsökologischer Anpassung? Beispiele aus dem Blatt Lake Victoria des Deutschen Afrika-Kartenwerks. - Geomethodica, 4, S. 17-44
50. (1979): Cattle husbandry in Nigeria: a study of its ecological conditions and social-geographical differentiations. - Heidelberger Geographische Arbeiten, 52, 330 S.
51. (1979): Probleme und Möglichkeiten der Siedlungsentwicklung im Oberrheingebiet. - Oberheingraben: Planung über die Grenzen. Konferenz Oberrheinischer Regionalplaner, S. 75-86. Bonn
52. (1979): Zusammen mit R. Henkel und Ch. Mahn: Heidelberger Geographen auf Safari Ya Kazi in Kenya. - Ruperto Carola, 31, S. 88-91
53. (1979): Zusammen mit K. Völger: Landuse-planning for the time after Tsetse in the Adamaoua/Cameroun: Tsetse Conference for West Africa, Korhogi/Ivory Coast, 12 S. (Mimeographed)
54. (1980): Zusammen mit R. Henkel und Ch. Mahn: Untersuchungen zur Siedlungsstruktur im zentralen Kenya. - Die Erde, 111, S. 85-120
55. (1980): Zusammen mit J. Boutrais: Etude d'aménagement de l'Adamaoua, Rep. Unie du Cameroun. - Gesellschaft für Technische Zusammenarbeit. Frankfurt am Main
56. (1981): Regional population development within the Federal Republic of Germany. - Federalism and regional development: case studies on the experience in the United States and the Federal Republic of Germany, S. 254-292. Austin
57. (1981): Epochen der räumlichen Bevölkerungsentwicklung des Rhein-Neckar-Gebietes im Industriezeitalter: Gottfried Pfeifer zum 75. Geburtstag gewidmet. - Heidelberger Geographische Arbeiten, 46, S. 1-17
58. (1981): Zusammen mit W. Gaebe: Struktur- und Entwicklungsprobleme des Rhein-Neckar-Raumes. - Heidelberger Geographische Arbeiten, 46, S. 18-29
59. (1981): Die Bevölkerungs- und Siedlungsentwicklung im Rhein-Neckar-Raum unter besonderer Berücksichtigung der suburbanen Prozesse. - Mannheimer Geographische Arbeiten, 10, S. 207-228
60. (1981): Gottfried Pfeifer 80 Jahre. - Ruperto Carola, 33, S. 196-197
61. (1981): Zum 80. Geburtstag von Hermann Overbeck. - Ruperto Carola, 33, S. 195-196
62. (1982): Zusammen mit M. Fricke und S.H. Ominde: Karte Bevölkerung, Blatt Lake Victoria. Deutsches Afrika-Kartenwerk
63. (1983): Zusammen mit R. Henkel und Ch. Mahn: Karte Siedlungsgeographie, Blatt Lake Victoria. Deutsches Afrika-Kartenwerk
64. (1983): Der Rhein-Neckar-Raum. - Geographische Landeskunde von Baden-Württemberg. Schriften zur politischen Landeskunde Baden-Württembergs, 8, S. 135-154. Stuttgart

65. (1983): Westafrika: moderne Großbetriebe als Alternative zur traditionellen Rinderzucht? - Zeitschrift für Wirtschaftsgeographie, 27, S. 2-9
66. (1983): Versuch einer Bewältigung der Vielfalt siedlungsgeographischer Forschungsansätze. - Die ländliche Siedlung als Forschungsgegenstand der Geographie. Wege der Forschung, 616, S. 435-442. Darmstadt
67. (1983): Heidelberg and the Rhine-Neckar-Region: an essay. - American- German International Seminar, Geography and Regional Policy. Heidelberger Geographische Arbeiten, 73, S. 1-8
68. (1984): Die Notwendigkeit von Regionalplanung bei der Tsetse-Bekämpfung, dargestellt am Beispiel vom Adamaua-Plateau. - Theorie und Praxis der medizinischen Geographie und Geomedizin. Erdkundliches Wissen, 70, S. 84-85
69. (1984): Der Einfluß der traditionellen Siedlungsstrukturen auf die Flurreform im Kenya. - Essener geographische Arbeiten, 8, S. 71-110
70. (1984): Zusammen R. König und R. Möhn: Untersuchungen zur Regelhaftigkeit der Siedlungsflächenentwicklung im Rhein-Neckar-Raum. - Akademie für Raumforschung und Landesplanung, Beiträge, 78, S. 56-71
71. (1984): Regional Planning as a prerequisite for Tse-Tse eradication: the example of the Adamaua Plateau (Cameroon). - Géographie et santé. Géos, 1, S. 289-294
72. (1984): Impacts of development of Kenya's rural settlement structure. - 25. Congrès International de Géographie, Paris 1984: Résumés des Communications, 1, Thema 11.6. Paris-Alpes
73. (1985): Anthropogene und physische Umweltbedingungen der Rinderhaltung in Westafrika. - Expertengespräch Interaktion Tier und Umwelt, 11.-14.12.1985 in Feldafing, S. 28-53. Feldafing
74. (1986): Natur und Gesellschaft in Afrika - unter dem Aspekt agrarer Tragfähigkeit. - Heidelberger Geowissenschaftliche Abhandlungen, 6, S. 155-171
75. (1987): Die Nutzung des von der regionalen Geographie gebotenen Potentials für die Praxis: das Beispiel Adamaua, Kamerun. - Teorija in metodologija regionalne geografije. Dela, Oddelek za geografijo Filozofske Fakultete Univerze Edvarda Kardelja v Ljubljani, 4, S. 225-240. Ljubljana
76. (1987): Geographische Erklärungsansätze für die geomedizinische Forschung. - Heidelberger Geographische Arbeiten, 83, S. 3-13
77. (1987): Zusammen mit U. Sailer: Wandlungsprozesse im Sonderkulturanbau an Beispielen des Weinbaus im Kraichgau und des Spargelanbaus in der Rheinebene. - Akademie für Raumforschung und Landesplanung: Arbeitsmaterial, 110, S. 83-110
78. (1987): Zusammen mit U. Sailer: Vergleichende Untersuchungen zur Bedeutung der Flurbereinigung für agrarstrukturelle Veränderungen am Biespiel des Kraichgaus. - Akademie für Raumforschung und Landesplanung: Arbeitsmaterial 110, S. 59-81

Hrsg. (1963): Beiträge zur Siedlungsgeographie und zur rhein-mainischen Landeskunde. Rhein-Mainische Forschungen, 54, 157 S.

Hrsg. mit R. HANTSCHEL und G. JACOBS (1971): Untersuchungen zur Bevölkerungs- und Siedlungsentwicklung im Rhein-Main-Gebiet. Rhein-Mainische Forschungen, 71, 270 S.

Hrsg. mit D. BARSCH und P. MEUSBURGER (1971ff.): Heidelberger Geographische Arbeiten, 36 ff.

Hrsg. mit K. WOLF (1975): Neue Wege in der geographischen Erforschung städtischer und ländlicher Siedlungen: Festschrift für Anneliese Krenzlin zu ihrem 70. Geburtstag. Rhein-Mainische Forschungen, 80, 278 S.

Hrsg. mit E. GORMSEN (1981): Heidelberg und der Rhein-Neckar-Raum: Sammlung sozial- und stadtgeographischer Studien. Heidelberger Geographische Arbeiten, 46, 337 S.

Hrsg. mit F. FEZER (1982): Kurt Hiehle-Festschrift. Heidelberger Geographische Arbeiten, 75, 256 S.

Hrsg. mit J.S. ADAMS und W. HERDEN (1983): American-German International Seminar - Geography and Regional Policy: Resource Management by Complex Political Systems. Heidelberger Geographische Arbeiten, 73, 382 S.

Hrsg. mit D. BARSCH und P. MEUSBURGER (1986 ff.): Heidelberger Geographische Bausteine, 1 ff.

Hrsg. mit E. HINZ (1987): Räumliche Persistenz und Diffusion von Krankheiten: Vorträge des 5. Geomedizinischen Symposiums in Reisensburg, 1984 und der Sitzung des Arbeitskreises Medizinische Geographie/Geomedizin in Berlin, 1985. Heidelberger Geographische Arbeiten, 83, 279 S.

Abgeschlossene Dissertationen bei Werner Fricke

1973 STRASSEL, Jürgen: Semiotische Aspekte der geographischen Erklärung. Gedanken zur Fixierung eines metatheoretischen Problems in der Geographie
1976 AMMANN, Frank: Analyse der Nachfrageseite der motorisierten Naherholung im Rhein-Neckar-Raum
1976 HENKEL, Reinhard: Zentrale Orte in Westkenya - Eine komplexe Regionaluntersuchung mit Hilfe quantitativer Methoden
1976 HERDEN, Wolfgang: Quantitative und qualitative Analyse des Stadt-Umlandfeldes von Ludwigshafen im Spiegel der Bevölkerungs- und Wohngebäudeentwicklung seit 1950
1977 KNORR, Gudrun: Der Umwandlungsprozeß der ländlichen Raumstruktur in der nördlichen Ortenau seit der Industrialisierung
1977 MAHN, Christa: Periodische Märkte und zentrale Orte - Raumstrukturen und Verflechtungsbereiche in Nordghana unter besonderer Berücksichtigung von Tamale
1977 NEUBAUER, Traute: Der Suburbanisierungsprozeß an der Nördlichen Badischen Bergstraße
1977 SPEICHERT, Hans-Jürgen: Die Entwicklung ausgewählter Fremdenverkehrsgemeinden im Odenwald (Grasellenbach, Hammelbach, Litzelbach, Scharbach, Wahlen)
1978 VETTER, Roland: Die Entwicklung der Flächen- und Gebäudenutzung sowie der Bevölkerung im Innenstadtbereich Eberbachs 1800-1975
1979 KÖNIG, Robert: Die Wohnflächenbestände der Gemeinden der Vorderpfalz - Bestandsaufnahme, Typisierung und zeitliche Begrenzung der Flächenverfügbarkeit raumfordernder Wohnfunktionsprozesse
1979 WEILAND, Hans-Jürgen: Raumrelevanz der Wochenendhauserholung im westlichen Rhein-Neckar-Raum
1981 WAGNER, Ulrich Siegfried: Tauberbischofsheim und Bad Mergentheim. Eine Analyse der Raumbeziehungen zweier Städte in der frühen Neuzeit
1983 ROOS, Klaus Dieter: Die Zusammenhänge zwischen Bausubstanz und Bevölkerungsstruktur - dargestellt am Beispiel der südwestdeutschen Städte Eppingen und Mosbach
1983 SAILER, Ulrike: Untersuchungen zur Bedeutung der Flurbereinigung für agrarstrukturelle Veränderungen - dargestellt am Beispiel des Kraichgaus
1984 FISCHER, Bernd: Räumliche Bestimmungsfaktoren des Wahlverhaltens in europäischen Kontexten
1985 NIEMEITZ, Cornelia: Die Rolle des PKW im beruflichen Pendelverkehr in der Randzone des Verdichtungsraumes Rhein-Neckar
1986 LANGHEIN, Joachim: Metageographie als humanökologisch komplexe Geographie

Vier Phasen der Urbanisierung in Schwarzafrika*

Josef Gugler (Bayreuth)

Afrika südlich der Sahara steht heute mitten im Übergang zur Stadtgesellschaft. Derzeit leben etwa 140 Millionen Menschen in den Städten dieser Region, das heißt ungefähr 30% der Afrikaner sind Städter.

Und ihre Zahlen wachsen ungewöhnlich rasch. Der Prozeß der Verstädterung in Schwarzafrika vollzieht sich überaus schnell. Zwischen 1960 und 1985 hat sich die städtische Bevölkerung in Westafrika und in Mittelafrika mehr als verdreifacht, die städtische Bevölkerung im östlichen Afrika mehr als verfünffacht - - das alles innerhalb von 25 Jahren, innerhalb einer Generation. Lagos hat heute mehr als 3, Kinshasa über 2 Millionen Einwohner und es gibt eine Reihe anderer Millionenstädte (United Nations, 1987b: 70-71, 142-43). Es ist nicht ungewöhnlich, daß sich die Bevölkerung einer Stadt in einem Jahrzehnt verdoppelt.

In keiner anderen Region der Welt wächst die städtische Bevölkerung so rasch wie in Schwarzafrika. Und es zeichnet sich kaum eine Verlangsamung des städtischen Wachstums ab. In einer Reihe von Ländern -- dabei das gewichtige Nigeria -- hat es sich in den letzten Jahren noch beschleunigt (Tab. 1).

Zwei Faktoren bestimmen dieses ungewöhnlich rasche städtische Wachstum in Schwarzafrika: Zum einen das natürliche Bevölkerungswachstum, insbesondere bei den Städtern, bei denen die Fertilität immer noch hoch ist, während die Mortalität stark abgenommen hat. Zum anderen die starke Land-Stadtwanderung, die sich wiederum sehr leicht erklärt aus dem Kontrast zwischen den extrem niedrigen ländlichen Einkommen und den, relativ dazu, hohen städtischen Einkommen. Bezeichnend ist, daß in den 70er Jahren die Nahrungsmittelproduktion in Schwarzafrika langsamer gewachsen ist als die Bevölkerung, langsamer auch noch als die ländliche Bevölkerung (World Bank 1981). Die Ursachen für dieses Einkommensgefälle sind nicht weit zu suchen. Sie sind in der Vernachlässigung und der Ausbeutung des ländlichen Sektors zu finden. Ein Thema, das uns sattsam bekannt ist, ein Problem, auf das Julius NYERERE ([1967] 1968), zu der Zeit Präsident von Tansania, schon 1967 hingewiesen hat, ein Thema, das vor zehn Jahren zum Gegenstand der klassischen Untersuchung von Michael LIPTON (1977) wurde: **Why Poor People Stay Poor: A Study of Urban Bias in World Development.**

---

* Ich möchte Frau Dr. Gudrun Ludwar-Ene für wichtige Anregungen danken.

Tab 1: Demographische Charakteristiken und Einkommen der größeren Länder Schwarzafrikas[1]

Land	Bevölkerung (in Millionen) Mitte 1985	Bruttosozialprodukt pro Kopf (in US $) 1985	Anteil der städtischen Bevölkerung an der Gesamtbevölkerung (in Prozent) 1985[2]	Städtisches Wachstum, durchschnittliche jährliche Wachstumsrate (in Prozent) 1965-80	1980-85	Bevölkerungswachstum, durchschnittliche jährliche Wachstumsrate (in Prozent) 1980-85
Äthiopien	42	110	15	6,6	3,7	2,5
Angola	9	...	25	6,4	5,8	2,5
Burkina Faso	8	150	8	3,4	5,3	2,6
Burundi	5	230	2	1,8	2,7	2,7
Elfenbeinküste	10	660	45	8,7	6,9	3,8
Ghana	13	380	32	3,4	3,9	3,3
Guinea	6	320	22	6,6	4,3	2,4
Kamerun	10	810	42	8,1	7,0	3,2
Kenia	20	290	20	9,0	6,3	4,1
Malawi	7	170	12	7,8	7,3	3,1
Mali	8	150	20	4,9	4,5	2,3
Mosambik	14	160	19	11,8	5,3	2,6
Niger	6	250	15	6,9	7,0	3,0
Nigeria	100	800	30	4,8	5,2	3,3
Ruanda	6	280	5	6,3	6,7	3,2
Sambia	7	390	48	7,1	5,5	3,5
Senegal	7	370	36	4,1	4,0	2,9
Simbabwe	8	680	27	7,5	5,0	3,7
Somalia	5	280	34	6,1	5,4	2,9
Südafrika	32	2.010	56	2,6	3,3	2,5
Sudan	22	300	21	5,1	4,8	2,7
Tansania	22	290	14	8,7	8,3	3,5
Tschad	5	...	27	9,2	3,9	2,3
Uganda	15	...	7	4,1	3,0	3,0
Zaire	31	170	39	7,2	8,4	3,0

[1] Diese Tabelle umfaßt alle Länder, die Mitte 1985 mehr als 4,5 Millionen Einwohner hatten.
[2] Die Anteile der städtischen Bevölkerung beruhen auf unterschiedlichen nationalen Definitionen von "städtischer" Bevölkerung; bei internationalen Vergleichen ist Vorsicht geboten.
Quellen: Alle Daten von der Weltbank (1987: Anhang Tabellen 1, 27 und 33).

"Warum arme Leute arm bleiben: Eine Untersuchung über den **urban bias** in der Entwicklung der Welt" -- Sie sehen, ich scheue mich, den Begriff "**urban bias**", der zum Schlagwort geworden ist, zu übersetzen. Gemeint ist der Vorrang von städtischen vor ländlichen Interessen. Es fehlt auch nicht an Empfehlungen, wie man dem abhelfen könnte, die Schwierigkeit ist eine politische. Die Schwierigkeit ist, daß städtische Gruppen das politische Geschehen dominieren.[1]

Im Übergang von einer ländlichen zu einer städtischen Gesellschaft in Schwarzafrika lassen sich vier Phasen sinnvoll unterscheiden. Zum ersten die Phase der **Wanderarbeit**. Bauern kommen für begrenzte Zeit in die Stadt, sie gehen dann in die Landwirtschaft zurück. Sie arbeiten in der Stadt sechs Monate, neun Monate, sie versuchen zur landwirtschaftlichen Hauptarbeitszeit wieder aufs Land zurückzukehren. Oft wiederholt der einzelne Wanderarbeiter dieses Muster über mehrere Jahre. Manche bleiben auch ein ganzes Jahr, bleiben 2 Jahre. Typisch ist, daß Männer, zumeist junge Männer, allein in die Stadt kommen.

Wanderarbeit setzt voraus, da sie ja kurzfristig ist, daß der Wanderer schnell Arbeit findet. In der Tat wurde er oft schon unter Vertrag genommen, ehe er überhaupt in die Stadt kam. Die Wanderarbeit war typisch für eine Zeit, in der der Arbeitsmarkt durch einen Mangel an Arbeitskräften gekennzeichnet war. Es ist heute kaum vorstellbar, aber es gab eine Zeit, als Arbeitgeber darüber klagten, daß sie Schwierigkeiten hatten, Arbeiter zu rekrutieren, daß die Arbeiter nicht lange bei der Arbeit blieben, daß die Arbeiter unregelmäßig zur Arbeit kamen. Heute mutet uns das als Prähistorie an, denn der Arbeitsmarkt in Afrika hat sich entschieden verändert.

Hohe Arbeitslosigkeit ist heute das Kennzeichen des Arbeitsmarktes in Schwarzafrika wie auch anderswo in der Dritten Welt. Der Übergang von einem Arbeitsmarkt, in dem Arbeitskräfte knapp waren, zu einem Arbeitsmarkt, der von Arbeitslosigkeit gekennzeichnet ist, ist in den einzelnen afrikanischen Ländern zu verschiedenen Zeiten vor sich gegangen. In vielen Fällen um die Zeit der Unabhängigkeit. Die beste Analyse ist die von Richard SABOT (1979) für Tansania. Er zeigt, wie die Interessen von Arbeitgebern, Gewerkschaften und Regierung dahin konvergierten, eine besser bezahlte städtische Arbeiterschaft zu etablieren. Mit der Unabhängigkeit kam eine Industrialisierungswelle, Güter, die bisher importiert worden waren, sollten nun im Land produziert werden; diese relativ kapital-intensiven Betriebe mußten in die Ausbildung von industriell disziplinierten Arbeitskräften investieren; eine solche Investition konnte sich nur lohnen, wenn die Arbeitskräfte länger blieben. Unter diesen Umständen waren die Arbeitgeber

---

[1] Zu der dadurch bedingten Überurbanisierung siehe GUGLER ([1982] 1988).

bereit, die Löhne, die in der kapital-intensiven Produktion weniger ins Gewicht fielen, zu erhöhen.

Die Gewerkschaften hatten zu jener Zeit eine gewisse Macht. Sie waren mit der nationalistischen Bewegung identifiziert und somit legitimiert, und sie gewannen an Stärke: eine nun in Erscheinung tretende gebildete Führungsschicht und die in der Stadt sich niederlassende Arbeiterschaft stärkten sie. 1965 war die Hälfte der Arbeitnehmer in Tansania gewerkschaftlich organisiert. Die Gewerkschaften konnten Druck auf die Löhne sowohl durch politische Aktionen als auch in den Tarifverhandlungen ausüben. Und die erste afrikanische Regierung war bereit, den an sie gestellten Erwartungen entgegenzukommen. Ein Mindestlohn wurde 1957 eingeführt, die Bezüge der untersten Einkommensgruppen im öffentlichen Dienst wurden angehoben. Der Arbeitsmarkt in Tansania wandelte sich nahezu über Nacht: war er bis dahin durch einen chronischen Mangel an Arbeitskräften charakterisiert, so brachten die wesentlich verbesserten Löhne und Gehälter so viele Arbeitswillige in die Stadt, daß von nun an eine beträchtliche Arbeitslosigkeit den Arbeitsmarkt bestimmte.[2]

Sobald der städtische Arbeitsmarkt durch eine beträchtliche Arbeitslosigkeit charakterisiert ist, verschwindet der Wanderarbeiter. Der eine verzichtet darauf, wieder in die Stadt zu kommen, denn eine lange Arbeitssuche, deren Ergebnis zudem fraglich ist, lohnt sich jetzt nicht. Der andere paßt sich den neuen Gegebenheiten an: wenn er einen Arbeitsplatz gefunden hat, gibt er ihn so leicht nicht mehr auf; typisch ist, daß er sein ganzes Arbeitsleben in der Stadt verbringt, daß er zum städtischen Arbeiter wird. Und ich spreche wieder von ihm, von dem Arbeiter, denn auch in dieser zweiten Phase sind es ganz überwiegend Männer, die ihre Frau und ihre Kinder auf dem Land zurücklassen.

Im Anschluß an Thomas WEISNER (1973) können wir diese Phase mit "**Eine Familie -- zwei Haushalte**" überschreiben. Verließ der Wanderarbeiter die Stadt, um in seine Heimat zurückzukehren, so richtet sich der städtische Arbeiter nun in der Stadt ein, während seine Frau die Landwirtschaft fortführt. Es kommt zu einem ständigen Hin und Her. Der Mann besucht die Familie auf dem Land, die Frau besucht ihn in der Stadt, die Kinder kommen zum Vater in die Stadt, um die Schule zu besuchen -- und auch, um dem Vater mit dem Haushalt zu helfen. Polygame Männer haben eine Frau bei sich in der Stadt, während die andere die Landwirtschaft betreibt. Entscheidend für diese Phase ist, daß die Landwirtschaft einen wesentlichen Beitrag zum Familieneinkommen leistet: weitgehend Subsistenz für die Familie auf dem Land, dazu gelegentlich eine teilweise Versorgung der

---

[2] Zur Strategie der Land-Stadtwanderung zu einer Zeit, in der der städtische Arbeitsmarkt durch hohe Arbeitslosigkeit bestimmt ist, siehe GUGLER (1986).

Familienangehörigen in der Stadt, zuweilen auch Produktion für den Markt, ob es nun Nahrungsmittel sind für die städtischen Verbraucher oder Produkte für den Export. Darin ist die wirtschaftliche Rationalität dieser Phase begründet. Das Familieneinkommen wird maximiert, weil städtische Arbeitsmöglichkeiten für Frauen äußerst begrenzt sind, weil städtische Lebenshaltungskosten wesentlich über denen auf dem Lande liegen, und weil das Land oft noch in Gemeinbesitz ist und nicht veräußert werden kann.

Kennzeichnend sowohl für die Phase der Wanderarbeit sowie für diese zweite Phase, eine Familie -- zwei Haushalte, ist das Übergewicht der Männer in der städtischen Bevölkerung. Besonders ausgeprägt war dieses Übergewicht in den kolonialen Siedlergesellschaften, wie das heutige Simbabwe und Kenia, die eben gerade darauf zielten, daß Afrikaner in der Stadt nicht seßhaft werden sollten -- dies wurde bewerkstelligt über die Lohnpolitik, über die Wohnungspolitik, über die Rekrutierungspolitik. Insgesamt ist der Männerüberschuß für die Städte Schwarzafrikas freilich nicht so typisch, wie das stereotyp oft behauptet wird (Tab. 2).[3] Jedenfalls können wir feststellen, daß sich das Übergewicht von Männern in den letzten Jahrzehnten in eben jenen Ländern schnell vermindert hat, in denen die Frauen in den Städten besonders stark unterpräsentiert waren, in Kenia und Tansania, ja selbst in Südafrika. Dieser Übergang zu einer nach Geschlecht eher ausgewogenen städtischen Gesellschaft zeigt den Wechsel zur dritten Phase an.

1961 entdeckte ich -- "entdeckte" in dem Sinn, in dem gesagt wird, ein Geograph habe den Benue entdeckt -- das, wie ich es nannte, "**Life in a dual system**" im Südosten Nigerias (GUGLER 1971). Das heißt, ich brachte, was dort alle Welt wußte, in die wissenschaftliche Diskussion ein. Ich sprach vom "Life in a dual system", denn wir Deutsche neigen ja zur Systematik, man könnte es vielleicht auch einfacher sagen: "zweispurig leben". Wenn statt meiner ein Chinese nach Ostnigeria gekommen wäre, hätte er, hätte sie, sicher davon gesprochen, daß man auf zwei Beinen geht: auf einem Stadt- und einem Landbein. In dieser Phase waren die meisten Ehefrauen zu ihren Männern in die Stadt gekommen. Gleichzeitig gehörten diese Familien aber auch noch zur Dorfgemeinschaft. Sie waren dort sozial verwurzelt, und die Dorfgemeinschaft bot ihnen wirtschaftliche Sicherheit. Sie fühlten sich weiter dem Dorf zugehörig, sie nahmen weiter am Dorfgeschehen teil und sie waren insofern gesichert, als sie jederzeit in diese Dorfgemeinschaft zurückkehren konnten und dort weiterhin Anspruch hatten auf Land, das landwirtschaftlich genutzt werden konnte.

Ich bin im Frühjahr 1987 nach Ostnigeria zurückgekehrt und habe die Erhebung

---

[3] Eine eingehende Analyse und Diskussion dieser Daten finden sich bei GUGLER (1989).

Tab. 2: Verhältnis von Männern zu Frauen in den Städten Schwarzafrikas

Land	Jahr	Verhältnis von Männern zu Frauen		
		in der Gesamt-bevölkerung[1]	in der städtischen Bevölkerung[2]	in der städtischen Bevölkerung bereinigt[3]
Äthiopien	1968	1025	903	881
Äthiopien	1984	934	867	872
Benin (afrik. Bev.)	1961	961	960	999
Benin	1975	961	967	1006
Benin	1979	921	928	1008
Botswana	1971	840	942	1122
Botswana	1981	890	1065	1197
Burundi	1965	975	1085	1113
Burundi	1979	935	1266	1354
Elfenbeinküste	1975	1074	1177	1096
Gabun	1960	891	1114	1251
Ghana	1960	1022	1062	1039
Ghana	1970	985	996	1011
Guinea	1955	909	970	1067
Kamerun	1976	960	1077	1122
Kenia	1969	1004	1386	1380
Kenia	1979	985	1216	1234
Kongo	1960	853	988	1158
Lesotho	1972	992	843	850
Liberia	1971	977	1153	1180
Liberia	1974	1020	1135	1113
Malawi	1977	930	1168	1255
Mali	1960	989	904	914
Mali	1976	955	966	1012
Mauretanien	1973	1006	1041	1035
Mauretanien	1977	968	1178	1217
Mosambik	1980	945	1097	1161
Namibia	1951	1366	1245	911
Namibia	1960	1018	1268	1246
Nigeria	1963	1020	1149	1127
Ruanda	1970	923	1033	1119
Ruanda	1978	944	1216	1288
Senegal	1971	976	967	991
Senegal	1976	979	973	993
Simbabwe	1969	1012	1412	1395
Südafrika	1951	1031	1192	1156
Südafrika	1960	1010	1150	1138
Südafrika	1970	973	1119	1151
Südafrika	1980	1035	1068	1032
Sudan	1983	1031	1133	1098
Tansania (Tanganyika)	1967	955	1180	1236
Tansania	1973	969	1078	1112
Tansania	1978	962	1075	1117
Tschad (afrik. Bev.)	1964	904	964	1067
Togo	1959	919	913	993
Uganda	1969	1019	1191	1169
Zentralafrikanische Re-republik (afrik. Bev.)	1959	915	961	1051

(1) Zahl der männlichen Einwohner, die auf 1.000 Frauen in diesem Land kommen.
(2) Zahl der männlichen Einwohner, die auf 1.000 Frauen in den Städten dieses Landes kommen.
(3) Das Verhältnis von (2) über (1), mit 1.000 multipliziert; geringe Abweichungen erklären sich aus Auf- bzw. Abrunden.

Quellen: Von den Vereinten Nationen gespeicherte Volkszählungsdaten und United Nations (1987a; 1988).

wiederholt, die ich 1961 in Enugu, der größten Stadt der Region, durchgeführt hatte. * Ich hatte erwartet, daß sich eine Generation später die Verhältnisse geändert hätten, ich hatte erwartet, daß die Kinder, die 1961 gar nicht so begeistert waren, als ihre Eltern sie aufs Dorf mitnahmen, nun selber erwachsen dem Lande den Rücken zugekehrt hätten. Die Fragebögen sind noch nicht ausgewertet, aber mein erster Eindruck ist ganz anders. Mein erster Eindruck ist, daß auch heute städtische Familien zumeist enge Beziehungen zu ihren Heimatdörfern aufrecht erhalten. Die Erklärung ist wohl nicht weit zu suchen. Die wirtschaftliche Unsicherung in der Stadt ist heute eher größer als vor einer Generation: Eisenbahnarbeiter werden unregelmäßig bezahlt, Beamte müssen mit einer plötzlichen Entlassung rechnen, pensionierte Bergbauarbeiter warten auf ihre Abschlagszahlungen seit drei Jahren, ihre Pensionszahlungen sind dreizehn Monate im Verzug. Das bedeutet, man kann sich letztlich nur auf die Sicherheit verlassen, die die Dorfgemeinschaft bietet. Ich beabsichtige, nächstes Jahr eine größere städtische Erhebung in Nairobi, Kenia, auch aus den 60er Jahren, zu wiederholen, um zu sehen, wie sich dort die Verhältnisse entwickelt haben. Mein Eindruck ist, daß große Teile Schwarzafrikas in der dritten Phase stehen: einerseits haben sie heute städtische Familien, die Familientrennung ist nicht mehr typisch, andererseits sind diese Familien immer noch weitgehend an ländliche Verwandtschaftsgruppen gebunden.

Die vierte Phase einer **Abkehrung vom Land** ist heute in Schwarzafrika wohl noch die Ausnahme. Gute Daten über die Alterszusammensetzung der städtischen Bevölkerung würden die Unterscheidung zwischen der dritten und der vierten Phase ermöglichen: in der dritten Phase ist die Alterspyramide geradezu gekappt, mit Abschluß des Arbeitslebens gehen die meisten aufs Land zurück.[4] Aber zuverlässige Altersdaten -- wir bräuchten sie über längere Zeiträume, um die durch die Fluktuation in der Land-Stadtwanderung modifizierte Alterspyramide zur Ausgangsbasis nehmen zu können -- fehlen uns.

Für die vierte Phase scheint ein leichtes Übergewicht von Frauen in den Städten typisch zu sein. Wenn ich recht verstehe, begann das in deutschen Städten im 19. Jahrhundert; in Lateinamerika und den Philippinen überwiegen die Frauen in der städtischen Bevölkerung seit zwei oder drei Generationen; in den Städten Südkoreas, Taiwans und Thailands findet der Übergang vom Männerüberschuß zum Frauenüberschuß jetzt gerade statt. Übrigens gibt es Anzeichen dafür, daß ein Frauenüberschuß auch für die alten Städte in Afrika, vor der großen

---

* Frau Ludwar-Ene, eine Mitarbeiterin im Sonderforschungsbereich "Identität in Afrika" der Universität Bayreuth, arbeitet derzeit an einer Parallel-Untersuchung in Calabar.

[4] Das ist allerdings auch in dieser Phase nicht typisch für alleinstehende ältere Frauen.

Land-Stadtwanderung, typisch war, etwa in Äthiopien oder in Nordnigeria.

Ich spreche von Phasen der Urbanisierung, damit will nicht gesagt sein, daß es sich um eine notwendige historische Abfolge handelt. Damit soll auch nicht gesagt sein, daß die Abfolge dieser Phasen irreversibel ist. Und damit soll insbesondere nicht der Eindruck erweckt werden, daß es sich hier um einen Prozeß der psychologischen Adaptation handelt. Zum ersten sind diese vier Phasen in der Geschichte der Verstädterung Deutschlands wohl nicht so ausgeprägt zu finden. Zum zweiten gilt, daß solange städtische Arbeiter Anrecht auf Land haben, das landwirtschaftlich genutzt werden kann, sie jederzeit eine Phase zurückgehen können. Von der dritten Phase können sie auf die zweite Phase zurückgehen und Frau und Kinder aufs Land zurückschicken. Von der zweiten Phase können sie auf die erste Phase zurückgehen und wieder zu Wanderarbeitern werden.[5] Erst in der vierten Phase ist der Arbeiter an die Stadt gebunden, kann nicht aufs Land zurück, ist zum Proletarier geworden. Die vierte Phase ist irreversibel -- von extremen Fällen, etwa Deutschland während des Zweiten Weltkriegs, einmal abgesehen.

Zum dritten möchte ich betonen, daß die Phase der Urbanisierung, die für ein bestimmtes Land zu einem gegebenen Zeitpunkt charakteristisch ist, nicht psychologisch zu erklären ist, vielmehr ist sie in erster Linie durch die ökonomischen und politischen Verhältnisse bedingt. Das zeigt sich eindringlich dort, wo Arbeiter über Jahrhunderte hinweg zwischen Land und Stadt zirkulieren, die erste oder zweite Phase der Urbanisierung also institutionalisiert wird. Zum Beispiel im Hochland von Peru, in Indonesien und im Pazifik (LAITE 1981, 1987; HUGO 1983; BEDFORD 1973). Nicht weil die Bauern es dort irgendwie nicht gelernt hätten, sich in der Stadt niederzulassen, nicht weil die Bauern in der Stadt nicht heimisch geworden wären, sondern weil die Arbeitsverhältnisse diese Zirkulation zum vorherrschenden Muster machten.

Südafrika ist das eklatante Beispiel für diesen Sachverhalt in Schwarzafrika. Heute noch besteht die gesetzliche Vorschrift für den Goldbergbau, daß nur maximal 3% der afrikanischen Arbeiter Familienunterkünfte zur Verfügung gestellt werden dürfen. Nicht nur im Bergbau, sondern auch in anderen Wirtschaftszweigen werden viele Männer immer noch mit kurzfristigen Verträgen rekrutiert. Ben TUROK und Kees MAXEY ([1976] 1985: 252-53) schätzen, daß weit mehr als die Hälfte der Afrikaner in gemeldeten Arbeitsverhältnissen Wanderarbeiter sind, zur

---

[5] Zum Beispiel dort, wo eine Gruppe einen Teil des Arbeitsmarktes so beherrscht, daß sie ihren Mitgliedern -- trotz weit verbreiteter Arbeitslosigkeit -- unmittelbaren Zugang zu Arbeitsmöglichkeiten sichern kann. Dazu sind Beispiele aus den Philippinen und Indonesien (STRETTON 1985; JELLINEK 1978) bekannt, aber das gibt es in Afrika wohl auch.

Wanderarbeit gezwungen sind. Daß das rassistische Regime darüber hinaus Frauen und Kinder, "die überflüssigen Anhängsel der städtischen Arbeitskräfte", wie es ein südafrikanischer Ministerpräsident einmal formulierte, systematisch aus den Städten vertrieben hat, ist sattsam bekannt.

So ergibt sich das Paradox, daß die beiden ersten Phasen der Urbanisierung, die in Schwarzafrika weitgehend der Vergangenheit angehören, in Südafrika noch eine beträchtliche Rolle spielen, in dem am stärksten industrialisierten Land Schwarzafrikas, in einem Land, in dem ein großer Teil der afrikanischen Bevölkerung schon über mehrere Generationen im Bergbau, in den Fabriken und im Dienstleistungssektor gearbeitet hat. Der südafrikanische Staat bestimmt die Form der Urbanisierung unmittelbar -- das ist ein Extremfall. Typisch ist ein Zusammenspiel von wirtschaftlichen und politischen Kräften, etwa die Niedriglohnpolitik, die für das koloniale Afrika typisch war, und zu Arbeitskräftemangel und Wanderarbeit führte; etwa das Anheben der Löhne in vielen Ländern zur Zeit der Unabhängigkeit, das zu städtischer Arbeitslosigkeit und Stabilisierung der städtischen Arbeiterschaft führte; etwa die fortdauernde Unsicherheit städtischer Existenz, die den Übergang zur vierten Phase versperrt.

Ich unterscheide vier Phasen, damit sind gemeint jeweils dominante Muster. Sie finden natürlich in jeder Stadt mehrere Verhaltensmuster gleichzeitig. Zum einen sind die Verhältnisse in den verschiedenen ländlichen Herkunftsgebieten der neuen Städter oft recht unterschiedlich. Insbesondere unterschiedliche Bodenbesitzverhältnisse auf dem Land führen zu recht unterschiedlichen Konstellationen für die Land-Stadtwanderung.[6] Im Rahmen unseres Sonderforschungsbereiches arbeite ich mit Herrn Curtis über diese Thematik in Kenia.

Zum anderen ergeben sich wesentliche schichtspezifische Unterschiede in der Stadt. Nicht nur enorme Einkommensunterschiede sind für die meisten afrikanischen Städten charakteristisch, verschiedene Gruppen genießen mehr oder weniger umfassende wirtschaftliche Sicherheit in der Stadt, denken Sie etwa an die sehr partielle Sozialversicherung, denken Sie an Beamte. Zum Beispiel: auch wo die Wanderarbeit weit verbreitet ist, gibt es Minderheiten, deren Einkommen hoch genug ist, um sie zu veranlassen, ihr Arbeitsleben in der Stadt zu verbringen; auch in Enugu gibt es Leute, die eine gesicherte städtische Existenz haben, Leute, die ihre Beziehungen zum Land kappen können; und umgekehrt gibt es auch in Heidelberg Wanderarbeiter.

---

[6] Solche Unterschiede sind oft regional umschrieben und die Ausformung von regionalen Verhaltensmustern, nach Region der Herkunft, verstärkt ethnische Abgrenzungen in der Stadt.

Und doch ist festzustellen, daß in der Regel ein bestimmtes Verhaltensmuster dominant wird. Dominant nicht nur in dem Sinne, daß wirtschaftliche und politische Kräfte ein einheitliches Verhaltensmuster für einen Großteil der städtischen Bevölkerung bestimmen, sondern auch in dem Sinne, daß ein solch weitverbreitetes Verhaltensmuster oft zur kulturellen Norm wird, der auch die unterliegen, für die die Umstände durchaus ein anderes Verhalten nahelegen.[7] Lassen Sie mich dazu einige Beispiele geben. Jean ROUCH (1956: 194) berichtete in den 50er Jahren, daß in weiten Gebieten der Sahelzone saisonale Wanderung nach Ghana zur Tradition geworden war und den jungen Männern Prestige brachte. Philip MAYER ([1961] 1971: 92) berichtete aus Südafrika, daß auch der wohlhabende afrikanische Farmer seinen Sohn in die Stadt schickte, damit er einmal erfahren solle, wie hart es sich unter den Weißen lebt, damit er zum Mann werde. Vor zwei Monaten interviewte ich einen Millionär in Enugu, der die ärmliche Sicherheit, die das Dorf zu bieten hat, sicher nicht braucht. Aber auch er bekennt sich zum Dorf. Als ich auf ihn wartete, am Abend, kamen zwei Mercedes daher, er stieg mit seiner jüngsten Frau aus dem ersten aus, aus dem zweiten Mercedes stiegen drei ältere Frauen. Sie kamen offensichtlich aus dem Dorf. Sie brachen in die traditionellen Jubelrufe aus. Sie brachten ihre Begeisterung zum Ausdruck, daß ihr erfolgreicher "Sohn", Neffe, Anverwandter, sie in die Stadt mitgebracht hatte, ihre Begeisterung über seine prächtige Villa, ihren Dank für die Gastfreundschaft. Dieser Millionär, der durchaus auch in der Stadt verankert ist, dessen drei anderen Frauen ihre eigenen Villen in Enugu haben, der eindeutig zur städtischen Elite gehört, bleibt dem Dorf verbunden, bezeugt seine Loyalität zum Dorf, für ihn ist weiter wichtig, was die Leute im Dorf von ihm denken: "Life in a dual system" ist in Enugu zum kulturellen Muster geworden.

Zum Abschluß sei darauf hingewiesen, und das kann ich jetzt nur skizzieren, daß die jeweilige Phase der Urbanisierung unmittelbar praktische wie auch weitreichende politische Konsequenzen hat. So gehört die Loyalität der Städter bis in die dritte Phase hinein nicht der Stadt, sondern der Dorfgemeinschaft, der sie sich zugehörig fühlen und in der sie ihre Interessen wahrnehmen. Zum Beispiel bei der Volkszählung lassen sie sich im Dorf zählen, nicht in der Stadt. Sie besteuern sich selber für die Entwicklung der Infrastruktur -- im Dorf, nicht in der Stadt. Sie sind im Dorf politisch engagiert, und der ländliche Bezirk bildet ihre politische Basis, auch wenn es sich um Landespolitik handelt.[8]

---

[7] Solche Normen gelten freilich oft nur innerhalb einer ethnischen Gruppe -- eben weil sie kulturelle Normen sind.

[8] Zu den Konsequenzen der Tatsache, daß der ländliche Bezirk -- und die Landsmannschaft der aus ihm stammenden Städter -- die Basis für die meisten afrikanischen Politiker bildet, siehe GUGLER (1975).

Literaturverzeichnis

BEDFORD, R.D. (1973): New Hebridean Mobility: A Study of Circular Migration. - Department of Human Geography-Publication HG/9. Canberra: Research School of Pacific Studies, Australian National University

GUGLER, J. (1971): Life in a Dual System: Eastern Nigerians in Town, 1961. - Cahiers d'Etudes Africaines 11, S. 400-421

GUGLER, J. (1975): Particularism in Subsaharan Africa: 'Tribalism' in Town. - Canadian Review of Sociology and Anthropology 12, S. 303-315

GUGLER, J. ([1982] 1988): Overurbanization Reconsidered. - Economic Development and Cultural Change 31, S. 173-189. Überarbeiteter Abdruck in Josef Gugler (Hrsg.): The Urbanization of the Third World, S. 74-92. Oxford, New York

GUGLER, J. (1986): Internal Migration in the Third World. - Pacione, M. (Hrsg.): Population Geography: Progress & Prospect, S. 194-223. London

GUGLER, J. (1989): Women Stay on the Farm no More: Changing Patterns of Rural-Urban Migration in Subsaharan Africa. - Women in Development Forum

HUGO, G.J. (1983): New Conceptual Approaches to Migration in the Context of Urbanization: A Discussion Based on the Indonesian Experience. - Morrison, P.A. (Hrsg.): Population Movements: Their Forms and Functions in Urbanization and Development, S. 69-113. Liège

JELLINEK, L. (1978): Circular Migration and the Pondok Dwelling System: A Case Study of Ice-Cream Traders in Jakarta. - Rimmer, A.J., Drakakis-Smith, D.W. & T.G. McGee (Hrsg.): Food, Shelter and Transport in Southeast Asia and the Pacific, S. 135-154, Department of Human Geography Publication HG/12. Canberra: Australian National University, Research School of Pacific Studies

LAITE, J. (1981): Industrial Development and Migrant Labour in Latin America. - Manchester, Austin

LAITE, J. (1988): The Migrant Response in Central Peru. - Gugler, J. (Hrsg.): The Urbanization of the Third World, S. 61-73. Oxford, New York

LIPTON, M.A. (1977): Why Poor People Stay Poor: A Study of Urban Bias in World Development. - London, Cambridge

MAYER, P. (1971^2):Townsmen or Tribesmen: Conservatism and the Process of Urbanization in a South African City. - Cape Town

NYERERE, J.K. ([1967] 1968): The Arusha Declaration. - Nyerere, J.K.: Ujamaa -- Essays on Socialism. S. 13-37. London, Oxford, New York. (zuerst von TANU, der Landespartei, auf Suaheli veröffentlicht.)

ROUCH, J. (1956): Migrations au Ghana (Gold Coast): Enquete 1953-1955. - Journal de la Société des Africanistes 26, S. 33-196
SABOT, R.H. (1979): Economic Development and Urban Migration: Tanzania 1900-1971. - Oxford
STRETTON, A. (1985): Circular Migration, Segmented Labour Markets and Efficiency. - Standing, G. (Hrsg.): Labour Circulation and the Labour Process, S. 290-312. London, Sydney, Dover, N.H.
TUROK, B. & K. MAXEY (1985^2): Southern Africa in Crisis. - Gutkind, P.C.W. & I. Wallerstein (Hrsg.): The Political Economy of Contemporary Africa, S. 243-278, Sage Series on African Modernization and Development. Beverly Hills, CA, London, New Delhi
UNITED NATIONS (1987a): 1985 Demographic Yearbook. - New York
UNITED NATIONS (1987b): The Prospects of World Urbanization: Revised as of 1984-85. - Population Studies 101. New York
UNITED NATIONS (1988): 1986 Demographic Yearbook. - New York
WEISNER, T.S. (1973): One Family, Two Households: Rural-Urban Ties in Kenya. - Dissertation, Harvard University
WORLD BANK (1981): Accelerated Development in Sub-Saharan Africa: An Agenda for Action. - Washington, D.C.
WORLD BANK (1987): World Development Report 1987. - New York

Geographie in der Entwicklungsländerforschung - Anspruch, Wirklichkeit und Möglichkeiten

Reinhard Henkel (Heidelberg)

Kolonialgeographie und frühere Entwicklungsländerforschung

Von allen Universitätsdisziplinen, die in denjenigen Teilen der Erde, die wir heute Entwicklungsländer oder "Dritte Welt" nennen, Forschungen durchführen, hat die Geographie wohl die längste Tradition in diesem Bereich. Die Entstehung der modernen Geographie ist mit den wissenschaftlichen Entdeckungsreisen des vorigen Jahrhunderts eng verknüpft. A. v. Humboldt, Carl Ritter und F. von Richthofen, später auch Heinrich Barth, Nachtigal und Schweinfurth mögen hier nur als deutsche Namen genannt sein. Sieht man die beiden bedeutendsten deutschen geographischen Zeitschriften der zweiten Hälfte des vorigen Jahrhunderts, Petermanns Mitteilungen und die Zeitschrift der Gesellschaft für Erdkunde Berlin durch, so stellen Beiträge allein über Afrika oft 20%, manchmal über 40% aller Artikel eines Jahrgangs.

Man muß wohl gleichzeitig dazu sagen, daß die Geographie als Universitätsfach in dieser Phase der beginnenden Kolonialisierung entstanden ist (SCHULTE-ALTHOFF 1971). Nachdem es vorher nur in Berlin einen Lehrstuhl für Geographie, besetzt durch Carl Ritter, gab, beschloß die preußische Regierung 1874, an allen ihren Universitäten geographische Lehrstühle zu errichten. Die anderen deutschen Länder zogen bald nach, und 1906 gab es an 23 der 25 Hochschulen im Deutschen Reich Lehrstühle für Geographie. Daß dieser Ausbau des Universitätsfaches Geographie schon im Hinblick auf eine geplante koloniale Expansion geschehen ist (TAYLOR 1985, 99), ist zwar möglich, aber (bisher) nicht nachgewiesen. Im großen ganzen waren deutsche Geographen eher zurückhaltend bei der Forderung nach eigenen deutschen Kolonien. Sie waren dann aber stark beteiligt an der Erforschung und Sicherung der in den 80er Jahren des vorigen Jahrhunderts erworbenen Kolonien (siehe etwa den Überblick von THORBECKE 1934). Es entstand die Kolonialgeographie als Teilgebiet der Allgemeinen Geographie mit einem starken kolonialpolitischen Anwendungsbezug (JAEGER 1911, TROLL 1933). Durch den Verlust der deutschen Kolonien nach dem Ersten Weltkrieg war den Kolonialgeographen ihr Betätigungsfeld verlorengegangen. Demzufolge waren die deutschen Geographen eine derjenigen Gruppen, die sich in der Zeit zwischen den Weltkriegen stark für die Rückgewinnung der Kolonien einsetzten (KOST 1988, 193-234). Der Geographentag 1931 in Danzig verabschiedete hierzu einstimmig eine sehr massive Resolution. Obwohl dieser Wunsch nicht in Erfüllung ging, wurden weiterhin Forschungen in Übersee durchgeführt, die jedoch vorwiegend länderkundlich und nicht in erster Linie problem- und anwendungsorientiert waren.

Nach dem Zweiten Weltkrieg verschwand der Begriff der Kolonialgeographie aus dem Vokabular des Faches. Trotzdem wurde, zunächst auf Grund der ungünstigen wirtschaftlichen Situation nur zögernd, in den Ländern, in denen nun die Dekolonisation begonnen hatte, wieder geographische Feldarbeit begonnen. Um 1960 gab es einen neuen Motivationsschub für die Geographie, sich verstärkt mit Entwicklungsländern zu beschäftigen: Es war die Zeit des beginnenden Engagements auch der bundesdeutschen Regierung im Bereich der Entwicklungshilfe. Troll, Kolb, Weigt und andere formulierten das "Erstgeburtsrecht" der Geographie (siehe die in SCHOLZ 1985 abgedruckten Artikel dieser Autoren), hier sowohl in der Forschung als auch in der Durchführung von Entwicklungsprojekten führend tätig zu sein, während HARTKE (1962, 124-125), der gerade die recht kritische Denkschrift über die Lage der Geographie verfaßt hatte, zurückhaltender war und bezweifelte, ob das Fach überhaupt in der Lage ist, diesen Aufgabenkomplex angemessen anzugehen. Die ersteren stellten die Fähigkeit der Geographen, synthetisch zu denken und zusammenzufassen und integrierte Entwicklungsplanung zu betreiben, in den Vordergrund. Da heißt es zum Beispiel über den Geographen: "... niemand vermag besser als er, Teilergebnisse in einer Synthese zusammenzufassen, die vielfältigen Verflechtungen und gegenseitigen Abhängigkeiten zu berücksichtigen und im Endresultat dann die Gewichte richtig zu verteilen und das Einzelne sinnvoll in die größeren Zusammenhänge einzuordnen" (WIRTH 1966, 78). Jedoch ist klar festzustellen, daß es das Fach nicht geschafft hat, diesem selbstgesetzten Anspruch gerecht zu werden. Andere Disziplinen, vor allem die Agrar- und Wirtschaftswissenschaften, dominierten in der anwendungsorientierten Forschung und besetzten auch die Mehrzahl der Stellen in den entstandenen Institutionen der Entwicklungszusammenarbeit. Obwohl in den sechziger Jahren die geographischen Forschungsaktivitäten in Übersee stark zunahmen, wurden methodisch und theoretisch neue Ansätze nicht hervorgebracht bzw. konnten sich nicht durchsetzen. Es herrschen in dieser Zeit, in der sich im Gesamtfach Geographie der Paradigmenwechsel vom länderkundlichen Ansatz zur neuen, quantitativ orientierten Geographie abspielte, Einzelstudien mit speziellem Fokus auf die endogenen Faktoren vor, wenn das Problem "Unterentwicklung" überhaupt thematisiert wird. Die beiden größten, von der Deutschen Forschungsgemeinschaft geförderten Projekte, das Afrika-Kartenwerk und das Mexiko-Projekt, beide zweifellos wertvolle Sammlungen von Grundlagenmaterial, zeigen dies.

Die Zurückhaltung gegenüber einer zu stark anwendungsorientierten Forschung hat wohl auch mit der im Nachhinein negativ bewerteten Erfahrung der Kolonialgeographie zu tun, wie ja auch etwa die Bereiche der Politischen Geographie und der Raumplanung in Deutschland im Vergleich zu anderen Ländern aufgrund der Entwicklung in der Zeit bis zum Zweiten Weltkrieg weniger beachtet wurden.

Beteiligung an der entwicklungspolitischen Diskussion

Die entwicklungstheoretische Diskussion der 60er und 70er Jahre spielte sich weitgehend außerhalb der Geographie ab, und auch in den expandierenden Institutionen der Entwicklungszusammenarbeit blieb das Fach bis auf Ausnahmen außen vor. In einem Rundschreiben des Verbandes deutscher Berufsgeographen heißt es 1970: "Geographen sind in der Entwicklungshilfe nicht verwendbar, weil sie nicht in der Lage sind, ihre Untersuchungsergebnisse hinreichend exakt zu quantifizieren und praktisch durchführbare Lösungen vorzuschlagen" (VERBAND DEUTSCHER BERUFSGEOGRAPHEN 1970, 3). Die Ausbildung der Studenten war doch stark auf das Berufsbild des Lehrers ausgerichtet, und auch das Image des Faches war durch das Schulfach Erdkunde vorwiegend negativ geprägt. Auf dem Geographentag 1973 in Kassel widmete sich eine Hauptsitzung dem Thema, auf der mehrfach auf die erwähnte Diskrepanz zwischen Anspruch und Wirklichkeit hingewiesen wurde. Eine Diskussion setzte ein und führte unter anderem zur Gründung des Geographischen Arbeitskreises Entwicklungstheorien, der es sich zur Aufgabe machte, das Theoriedefizit aufzuholen. Man beschäftigte sich intensiv mit Wachstums- und Modernisierungstheorien, dependencia und der Theorie des peripheren Kapitalismus und mischte sich allmählich aus geographischer Sicht in die Diskussion darüber ein. Auf einer Tagung zum 10-jährigen Bestehen des Arbeitskreises 1986 wurde festgestellt, daß die Geographie nun den Nachhilfeunterricht erfolgreich abgeschlossen hat, das länderkundliche Paradigma nicht mehr im Zentrum steht, sondern mehr problemorientiert geforscht wird (SCHMIDT-WULFFEN 1987, SCHOLZ 1988). Diese Entwicklung schlägt sich mittlerweile auch in der Lehre nieder.

Nach diesem notwendigerweise sehr gerafften Überblick scheint es so zu sein, daß die Geographie im Konzert der "Entwicklungsländer-Wissenschaften" einen anerkannten Platz erreicht hat. Manche Beobachter haben bei der jüngeren Entwicklung das Bedenken, das Fach habe sich durch die Hereinnahme der Globaltheorien teilweise selbst aufgegeben und sei zum Anhängsel und Nachläufer der Sozialwissenschaften geworden. Hier muß jedoch betont werden, daß die obige Darstellung diejenige aus der Sicht der Geographie ist. Betrachtet man den Gang der allgemeinen entwicklungspolitischen Diskussion, so ergibt sich folgendes Bild: Bei der Erklärung von Unterentwicklung folgte im Sinne des dialektischen Fortschreitens der Erkenntnis auf die These "endogene Faktoren sind Ursachen", die zur Modernisierungstheorie führte, die Antithese "exogene Faktoren sind entscheidend" (Betonung besonders stark in dependencia und Theorie des peripheren Kapitalismus von Senghaas). Eine Synthese deutet sich in den letzten Jahren an. Sie ist schwer zu beschreiben, kann aber etwa an zwei Beobachtungen festgemacht werden:

1. Die Konzepte für die praktische Entwicklungszusammenarbeit, die aus den jeweils zugrundegelegten Entwicklungstheorien abgeleitet wurden, führten nicht

auf breiter Front zu Erfolgen, die "Unterentwicklung" abbauten. Die Kritik an der Entwicklungshilfe führte im Extrem bis zur Forderung nach totaler Abschaffung (Stichwort: Tödliche Hilfe). Schon einige Zeit vor dieser radikalen Forderung kam jedoch eine Diskussion auf, die auf eine stärkere Berücksichtigung von soziokulturellen Faktoren in Entwicklungsprojekten hinauslief. Dies bedeutet, daß man bei Entwicklungsprojekten nicht fertige Konzepte, die sich anderswo schon bewährt haben, anwendet, sondern zunächst in der betroffenen Region versucht herauszubekommen, welche die Bedürfnisse der Betroffenen jeweils sind und wo Engpässe beseitigt werden müssen. In diesem Zusammenhang sind auch die Bemühungen um eine konzeptionelle Erneuerung der Entwicklungshilfe zu nennen, die auf eine stärkere Förderung von Selbsthilfegruppen und auf eine Animation zur Entstehung solcher Gruppen hinauslaufen. Eine Richtung der Ethnologie, einer der Nachbarwissenschaften der Geographie, leitet aus dieser Entwicklung seit einiger Zeit in einer großangelegten Öffentlichkeitskampagne die Forderung ab, selbst viel stärker in entsprechenden Planungen und Projekten beteiligt zu werden (siehe z.B. KIEVELITZ 1988). Alle diese Vorgänge in der Entwicklungshilfe-Praxis, die hier nur angedeutet werden können, haben ihre Rückwirkungen auf die Theorie insofern, als der Akzent bei der Analyse von "Unterentwicklung" wieder stärker auf endogene Faktoren gelegt wird.

2. Die zweite Beobachtung zur Erhärtung des Entstehens einer Synthese ist die, daß man in der Theoriediskussion weitgehend davon abgekommen ist, weltweit gültige Ansätze formulieren zu wollen, einem Anspruch, dem die Geographie, wie oben gesehen, ohnehin nur zögernd nachgekommen ist. Bescheidener geworden ist man nun auf der Suche nach sogenannten "Theorien mittlerer Reichweite" - auch im räumlichen Sinn. Ich nenne hier wieder nur stichwortartig die Diskussion über die indische Produktionsweise. Ein anderer Ansatz ist gerade in der Geographie sehr in Mode, der sogenannte Verflechtungsansatz, von Bielefeldern Soziologen entwickelt (z.B. EVERS 1987). Er betont die Verflechtungen zwischen den in den Entwicklungsländern bedeutenden und interdependenten drei Wirtschaftsbereichen formaler und informeller Sektor sowie Subsistenzwirtschaft, und zwar in Stadt und Land. Gerade daß der in der traditionellen Analyse im Vordergrund stehende formale Sektor abhängig ist von den beiden anderen, ist ein neuer Akzent. Die von diesem Ansatz aus durchgeführten Studien können nur mit intensiven empirischen Erhebungen und Feldarbeit durchgeführt werden, Arbeitsweisen also, die in der deutschen Geographie immer eine große Bedeutung gehabt haben, wie z.B. WIRTH (1988) herausstellt, und deren Bedeutungsrückgang in der angelsächsischen Geographie von JOHNSTON (1985) beklagt wird. Ein weiterer Gesichtspunkt ist in jüngster Zeit ebenfalls verstärkt in die Debatte hineingekommen: Die ökologischen Bedingungen und Auswirkungen von Entwicklungsprojekten. Hier hat die Geographie aufgrund ihres institutionellen Festhaltens an der Einheit ihrer beiden Teilbereiche Physische und Anthropogeographie zumindest für die

Ausbildung eine Tradition, die ihr zugute kommt. Dies wird zum Beispiel deutlich an der führenden Rolle, die Geographen in der Diskussion über die Desertifikation gespielt haben und spielen.

Möglichkeiten und Defizite

Angesichts aller dieser Beobachtungen, zu denen man noch hinzufügen muß, daß das im obengenannten Verdikt der Berufsgeographen angeführte Methodendefizit wohl auch mittlerweile insoweit ausgeglichen ist, als heute quantitative Methoden der empirischen Sozialforschung anders als 1970 fester Bestandteil von Forschung und Lehre sind, ergibt sich für die potentielle Bedeutung der Geographie in der Entwicklungsländerforschung ein günstigeres Bild. Das Fach hat es aber wohl auch bitter nötig angesichts des ungünstigen Stellenmarktes, sich Berufsfelder neu oder verstärkt zu erschließen (siehe DVAG 1984). Allerdings wirken sich diese Veränderungen in der Wissenschaft erst langsam auf die Stellung des Faches in der Praxis der Entwicklungszusammenarbeit aus: So sind Geographen in den entsprechenden Institutionen noch recht vereinzelt vertreten, und nur zwei der 22 Mitglieder des Wissenschaftlichen Beirats beim Bundesminister für wirtschaftliche Zusammenarbeit sind Geographen. Insgesamt kann man jedoch festhalten, daß der jetzige Zeitpunkt günstig für die Geographie in der Bundesrepublik ist, sich stärker als bisher der Entwicklungsforschung zuzuwenden und sich im Sinne einer angewandten Wissenschaft einzumischen auch in die Praxis der Entwicklungszusammenarbeit. Hierbei ist es nicht notwendig, der Geographie wieder spezifische Fragestellungen zuzuweisen, wie dies etwa DICKENSON u.a. (1985, 252: Mensch-Umwelt-Beziehungen, Standortanalysen, räumliche Ungleichheiten) und SCHMIDT-WULFFEN (1987, 135: Analyse von Ressourcen, Grenzen der Raum- und Ressourcennutzung, Weltmarkteinflüsse auf lokale und regionale Sozialgefüge) tun. Eine insgesamt positive Bilanz zieht auch RIDDELL (1987, 1988, 1989) in seinen Auswertungen der entwicklungsrelevanten englischsprachigen geographischen Literatur, wobei er nur feststellt, daß diese von den Nachbarfächern kaum zur Kenntnis genommen wird.

Eine Beurteilung wie die obige kann man, will man nicht einer Selbstillusion anheimfallen, natürlich nicht treffen, ohne gleichzeitig die Defizite herauszustellen, die unser Fach weitgehend daran hindern, diese Stellung einzunehmen. Ich möchte hier vier Punkte herausstellen und sie jeweils verbinden mit Vorschlägen, diese Defizite zu beheben.

1. Wie oben erwähnt, trifft man häufiger auf die Behauptung, die Geographie sei eine Integrationswissenschaft, die hervorragend geeignet sei, in Untersuchungen die Synthese zwischen den verschiedenen am Forschungs- und Planungsprozeß beteiligten Disziplinen herzustellen. Dabei wird oft die Forderung nach interdisziplinärer Zusammenarbeit erhoben. Die in einer bestimmten Region

auftretenden Probleme können in der Regel nicht aus dem Blickpunkt eines Faches heraus allein bewältigt werden. Sieht man sich jedoch die Forschungspraxis an, so geschieht hier immer noch recht wenig in diesem Sinne. Gemeinschaftsprojekte wie die Regionalplanung im Adamaoua-Gebiet Kameruns (BOUTRAIS u.a. 1980), an der Herr Fricke beteiligt war, sind noch eher die Ausnahme. Hier müssen unbedingt Berührungsängste abgebaut werden. Dabei sollte nicht unterschätzt werden, wie aufwendig und mühsam eine solche Interdisziplinarität aufgrund der verschiedenen Fachsprachen und forschungsleitenden Interessen ist.

2. Da die Entwicklungsprozesse und -probleme immer einen mehrdimensionalen Charakter aufweisen, andererseits die Geographie als auf Synthese zielende Wissenschaft prädestiniert erscheint, hier eine bedeutende Rolle zu spielen, ist es erstaunlich, daß nicht einmal intradisziplinäre Zusammenarbeit, also Zusammenarbeit zwischen den verschiedenen Teildisziplinen der Geographie, stark ausgeprägt ist. Wäre dies mehr der Fall, so könnten wohl auch in Entwicklungsländern weiterreichende Forschungsergebnisse erzielt werden. Es gibt wohl nach wie vor in unserem Fach (aber nicht nur hier!) ein (hoffentlich abnehmendes) Territoriendenken, das eher auf Abgrenzung als auf Kooperation ausgerichtet ist.

3. In allen Entwicklungsländern gibt es, anders als dies noch vor 20 Jahren der Fall war, mittlerweile einheimische Wissenschaftler, die aufgrund der Tatsache, daß sie in dem von uns "beforschten" Land beheimatet und in dessen Kultur aufgewachsen sind, uns als Fremden gegenüber einen großen Vorteil haben. Nicht nur Entwicklungsprojekte, auch Forschungsprojekte sind oft deswegen gescheitert oder zu falschen oder irrelevanten Ergebnissen gekommen, weil sich die Forscher von ihrem eurozentrischen Weltbild und wissenschaftlichen Ansatz nicht lösen konnten und auch nicht die Sensibilität besaßen, sich in den soziokulturellen Kontext hineinzudenken oder hineinzufühlen. Die Bedeutung der stark religiös geprägten Weltanschauung und der von unserer westlichen rationalen Denkweise grundsätzlich unterschiedenen Wirklichkeitserfassung in Afrika und ihre Auswirkungen auf das Wirtschaftsverhalten werden z.B. von BÜSCHER (1988) und HENKEL (1989, 153-158, 192-197) hervorgehoben. Hier ist also eine engere Kooperation mit einheimischen Wissenschaftlern zu fordern, die ebenfalls oft sehr mühsam ist, weil in der Regel der europäische Partner der Geldgeber ist und insofern kein Miteinander auf gleicher Ebene stattfindet.

4. Schließlich sollten noch die Defizite in der gegenwärtigen Ausbildung der Geographiestudenten in dieser Beziehung erwähnt werden. Es kann hier nicht darum gehen, einen eigenen Studiengang "Diplom-Geograph für Entwicklungsländer" vorzuschlagen. Das wäre angesichts der begrenzten Ressourcen der meisten Institute und angesichts der Tatsache, daß das Berufsfeld so

umfangreich auch nicht ist, eine Illusion. Aber: In der Regel sind die auf die Entwicklungsländer bezogenen Lehrveranstaltungen zu wenig anwendungsorientiert. Ich nenne hier nur Stichworte: Projektplanung und -durchführung, Kennenlernen der relevanten Institutionen und ihrer Arbeitsweise, vor allem aber Aufenthalte in der Dritten Welt - Exkursionen und Praktika. Auslandserfahrung ist für die beruflichen Aussichten eine Notwendigkeit.

Um noch einmal zusammenzufassen: Die Geographie könnte in der entwicklungsländerbezogenen Forschung, aber auch in der Planungspraxis eine stärkere Position einnehmen. Zwischen den politologischen und makroökonomischen Globaltheorien einerseits und den Ethnologen mit neuem Anspruch, denen, so die Kritik, die Erhaltung der Kultur kleiner Gruppen vorrangig ist und die keine Methoden haben, die Probleme der großen Massen zwischen den Kulturen zu erfassen und Lösungsansätze aufzuzeigen, hat die Geographie aufgrund der jüngeren Entwicklungen die Möglichkeit, auf allen Maßstabsebenen verstärkt einen Beitrag zur Problematik Entwicklung - Unterentwicklung zu leisten.

Literaturverzeichnis

BOUTRAIS, J. u.a. (1980): Etude d'amenagement de L'Adamaoua Republique Unie du Cameroun. - Gesellschaft für Technische Zusammenarbeit. Eschborn/Frankfurt
BÜSCHER, M. E. H. (1988): Afrikanische Weltanschaung und ökonomische Rationalität. - Schriftenreihe des Instituts für Allgemeine Wirtschaftsforschung der Albert-Ludwigs-Universität Freiburg, 29
DEUTSCHER VERBAND FÜR ANGEWANDTE GEOGRAPHIE (DVAG) (1984): Die Dritte Welt - Berufsfeld für Geographen? - Material zum Beruf des Geographen, 5
DICKENSON, J. P. et al. (1985): Zur Geographie der Dritten Welt. Bielefeld
EVERS, H.-D. (1987): Subsistenzproduktion, Markt und Staat. - Geographische Rundschau, 39, S. 136-140
HARTKE, W. (1962): Die Bedeutung der geographischen Wissenschaft in der Gegenwart. - Tagungsbericht und wissenschaftliche Abhandlungen des 33. Deutschen Geographentags 1961 in Köln, S. 113-127
HENKEL, R. (1989): Christian missions in Africa: A social geographical study of the impact of their activities in Zambia. - Geographia Religionum, 3
JAEGER, F. (1911): Wesen und Aufgaben der kolonialen Geographie. - Zeitschrift d. Gesellschaft f. Erdkunde zu Berlin, S. 400-405
JOHNSTON, R. J. (1985): To the ends of the earth. - Johnston, R.J. (ed.): The future of geography, S. 326-338. London/New York

KIEVELITZ, U. (1988): Kultur, Entwicklung und die Rolle der Ethnologie. - Beiträge zur Kulturkunde 11, Politischer Arbeitskreis Schulen. Bonn
KOST, K. (1988): Die Einflüsse der Geopolitik auf Forschung und Theorie der politischen Geographie von ihren Anfängen bis 1945. - Bonner Geographische Abhandlungen, 76
RIDDELL, J. B. (1987): Geography and the study of Third World underdevelopment. - Progress in Human Geography, 11, S. 264-274
RIDDELL, J.B. (1988): Geography and the study of Third World underdevelopment revisited. - Progress in Human Geography, 12, S. 111-120
RIDDELL, J.B. (1989): Geography and the study of the Third World underdevelopment re-revisited. - Progress in Human Geography, 13, S. 267-276
SCHMIDT-WULFFEN, W.-D. (1987): 10 Jahre entwicklungstheoretische Diskussion. - Geographische Rundschau, 39, S. 130-135
SCHOLZ, F. (Hrsg.) (1985): Entwicklungsländer: Beiträge der Geographie zur Entwicklungs-Forschung. Darmstadt
SCHOLZ, F. (1988): Position und Perspektiven geographischer Entwicklungsforschung. - Bremer Beiträge zur Geographie und Raumplanung, 14, S. 9-35
SCHULTE-ALTHOFF, F.-J. (1971): Studien zur politischen Wissenschaftsgeschichte der deutschen Geographie. - Bochumer Geographische Arbeiten, 9
TAYLOR, P. J. (1985): The value of a geographical perspective. - Johnston, R.J. (ed.): The future of geography, S. 92-110. London, New York
THORBECKE, F. (1934): Deutsche Kolonien und deutsche Geographie. - Geographische Zeitschrift, 40, S. 181-190
TROLL, C. (1933): Die Kolonialgeographie als Zweig der allgemeinen Erdkunde. - Koloniale Rundschau, 25, S. 121-129
VERBAND DEUTSCHER BERUFSGEOGRAPHEN (1970): Arbeitskreis Entwicklungshilfe - Rundschreiben Nr. 1, März 1970: Thesen zu Geographie und Entwicklungshilfe, II
WIRTH, E. (1966): Über die Bedeutung von Geographie und Landeskenntnis bei der Vorbereitung wirtschaftlicher Entscheidungen und bei langfristigen Planungen in Entwicklungsländern. - Nürnberger Wirtschafts- und Sozialgeographische Arbeiten, 5, S. 77-83
WIRTH, E. (1988): Overseas exploratory fieldwork - a specific tradition in German geography. - Wirth, E. (ed.): German geographical research overseas, S. 7-25. Tübingen

Stadt und Region
Entwicklungstendenzen am Ende der achtziger Jahre

Klaus Wolf (Frankfurt am Main)

Das Referat geht von der Grundhypothese aus, daß Stadt und Stadtentwicklung heute nicht mehr losgelöst von Region und Regionsentwicklung gesehen werden können. Mehr denn je gelten heute die BOBEK'schen, von CHRISTALLER weitergeführten Überlegungen, daß Stadt Mittelpunkt, Bezugspunkt ihrer Region ist, aber es gilt heute auch, daß die Region stadtbestimmend ist.

Im ersten Teil des Referats wird versucht, mit Hilfe einiger Indikatoren, vornehmlich anhand der Region Rhein-Main und ihrer Kernstadt Frankfurt aufgrund hier vorliegender empirischer Untersuchungen, Entwicklungstendenzen eines solchen Raumtyps verallgemeinernd nachzuzeichnen, um dann im zweiten Teil eine eher szenische Skizze möglicher zukünftiger Entwicklungen von Städten und/oder ihren Regionen zu entwerfen. Die Strukturskizze (Abb. 1) zeigt diesen Zusammenhang nicht nur in sehr vereinfachter Form, sondern möchte auch belegen, daß Region im gebrauchten Wortsinn aus Kernstadt, sonstigen höherrangigen Zentren und innerem und äußerem suburbanen Raum besteht. Die Gebiete, die nur sektoral und regional randlich in diese Prozesse einbezogen sind, sind in der Skizze mit ländlicher Raum bezeichnet; es könnte hier z.B. auch periphere Region stehen - sie sollen hier weniger in ihren Strukturen und Prozessen thematisiert werden.

Im Sinne der Eingangshypothese ist die Region über die allgemeinen, diesen Raumtyp prägenden wechselseitigen Prozesse Stadt-Region im besonderen abhängig von der Struktur und Entwicklung der Kernstadt, Struktur verstanden als von den ökonomischen Bedingungen geprägte sektorale Unternehmens- und Bevölkerungssituation und -entwicklung und der davon abhängigen Produktions-, Dienstleistungs- und Wohn-Standortsituation und -entwicklung. Diese darf, zumindest für die Modellregion Rhein-Main, nicht nur im nationalen, mesoregionalen und lokalen Rahmen gesehen werden, sondern vor allem auch, und dies wurde in der deutschen geographischen Forschung in den letzten Jahren vielleicht etwas zu sehr vernachlässigt, besonders auch im internationalen, weltweiten Maßstab. Im Zeitalter der Internationalisierung des Kapitals (vgl. v. FRIELING & STRASSEL 1986, S. 78) haben weltweite Standortentscheidungen dieses Sektors Auswirkungen nicht nur auf nationale Volkswirtschaften, sondern mindestens ebenso auf die Siedlungsentwicklung nationaler Standortregionen, wobei im internationalen Maßstab zunächst nur die Kernstädte solcher Regionen als Standort in Frage kommen. STIGLBAUER hat anläßlich eines Symposiums in Frankfurt im vergangenen Jahr über Stadtenwicklung im Wandel technologischer und

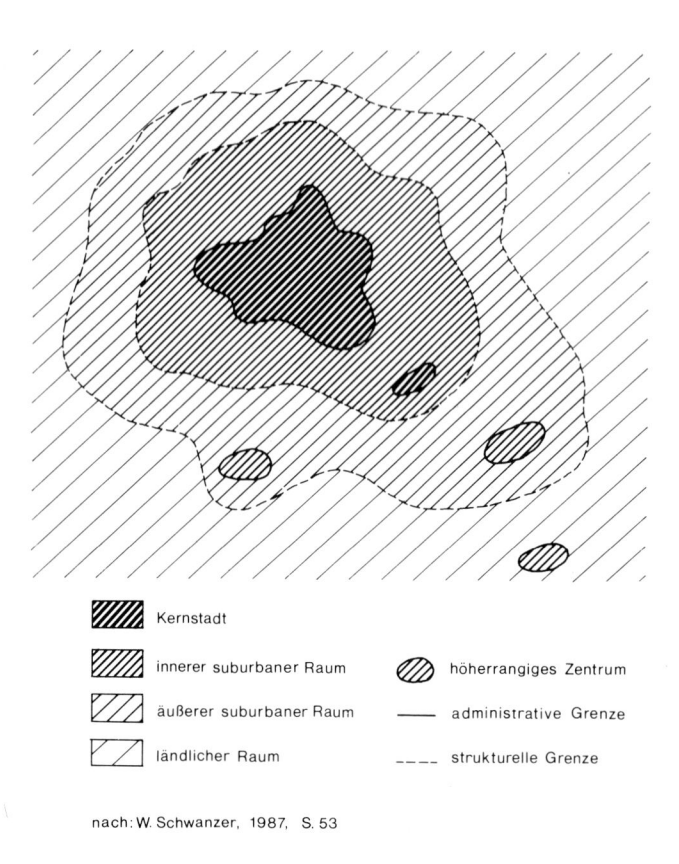

Abb. 1: Strukturskizze von (Kern-)Stadt und (suburbaner) Region

Legende:
- Kernstadt
- innerer suburbaner Raum
- äußerer suburbaner Raum
- ländlicher Raum
- höherrangiges Zentrum
- administrative Grenze
- strukturelle Grenze

nach: W. Schwanzer, 1987, S. 53

sozio-ökonomischer Rahmenbedingungen anhand der 20 wichtigsten Börsen der Welt und der 20 bedeutendsten Messestandorte mit diesen Indikatoren auf solche internationalen Standortregionen hingewiesen (vgl. STIGLBAUER 1986, S. 34 u. 37) und gezeigt, daß im nationalen Rahmen aus internationaler/weltweiter Sicht jeweils höchstens ein Standort und damit eine daran hängende Standortregion in Frage kommt. Je nach Ausstattung hinsichtlich notwendiger Ressourcen für den internationalen Informationstransfer und der darauf bezogenen Innovationsbereitschaft stabilisiert sich die Region - oder sie wird abgekoppelt und die internationalen Kapitalströme suchen sich andere Verteilungsstandorte. Es soll allerdings betont weden, daß sich solche weltweiten Präferenzregionen für Ansiedlungen nicht nur im Kapitalsektor herausgebildet haben, weiter entwickeln, stagnieren oder gar absteigen, sondern z.B. auch auf dem Verwaltungssektor (internationale Behörden) oder im Kulturbereich, die aber hier einmal außer Betracht bleiben sollen. D.h., es bilden sich international sektoral unterschiedliche Standortnetze aus, die auf den nationalen Maßstab ebenso durchschlagen. Auch hier entkoppelten sich im vergangenen Dezennium die sog. "altindustrialisierten" von den "Dienstleistungsregionen". Diese Differenzierung ist aber auch für den Dienstleistungssektor noch zu einfach; denn die dynamischen Regionen sind besonders dadurch gekennzeichnet, daß sie mehr und mehr von Unternehmen geprägt werden, die steuernde Funktionen im Dienstleistungssektor ausüben, also den quartären Dienstleistungen zuzurechnen sind. Deutlich wird dies etwa bei der Betrachtung von Standorten von Industriehauptverwaltungen und Forschungs- und Entwicklungseinrichtungen in der Bundesrepublik Deutschland und der Verteilung von Betrieben der Branche Elektronische Datenverarbeitungsanlagen bzw. von Vertriebsunternehmen Büroinformations- und Kommunikationstechnik in der Bundesrepublik Deutschland (vgl. WOLF 1986, 126 ff.).

Die sektoral herausragende Bedeutung der Rhein-Main-Region und wohl auch ihrer Kernstadt Frankfurt am Main innerhalb des Bundesgebietes wird deutlich. Ebenso wird belegt, daß die Region von den Funktionen ihrer Hauptstadt geprägt wird.

Es soll aber an dieser Stelle nicht verschwiegen werden, worauf z.B. FRIEDRICHS (1986, 117 ff.) jüngst auch hinwies, daß zu einseitige sektorale Ausrichtung, auch im tertiären oder quartären Sektor, zur Sättigung und Stagnation führen kann. Es gibt in der Region Rhein-Main Anzeichen dieser Art, zumindest für die Kernstadt. Ich werde noch auf diese Anzeichen eingehen und auf die Antworten, die man versucht zu geben, um die vermeintliche Stagnation zu überwinden, wobei noch nicht klar ist, mit welchem Erfolg und mit welchen Folgen.

Betrachten wir die mesoregionale Ebene, also die Stadt und die Region im engeren Sinne, dann lassen sich für das letzte Jahrzehnt als Ausgangsbasis der kommenden Entwicklung zumindest am Modellfall Rhein-Main-Gebiet, dessen in vielen Bereichen protagonistische Entwicklungen aber wohl auch auf die anderen sogenannten dynamischen Regionen der Republik übertragbar sind, folgende Strukturveränderungen nachzeichnen:

Ohne hier die Frage klären zu wollen, ob in einer Region im Verhältnis Kernstadt - Region die Wohn- oder Bevölkerungssuburbanisierung von der Gewerbe- und Industriesuburbanisierung und schließlich der Tertiärsuburbanisierung gefolgt wird oder ob nicht doch eher von dem Modell auszugehen ist, daß alle drei Suburbanisierungssektoren zur gleichen Zeit oder nur wenig zeitversetzt ablaufen und sich je nach finanzieller Potenz der in den Sektoren Agierenden Raumzugriffe ergeben, die zu einem Raummuster führen, das im Wohnbereich und im Gewerbe-/Tertiärbereich kapitaleinsatzgeleitete Kern-Rand-Gefälle-Strukturen dokumentiert (- trotz kommunaler bodenwertorientierter Pulleffekte für die Gewerbeansiedlung), soll zuerst anhand eines Phasenmodells die Bevölkerungs- (oder Wohn-) Suburbanisierung kurz skizziert werden.

Für den Zeitraum von 1950-1980 ergibt sich in den drei Teilmodellen etwa folgendes (vgl. Abb. 2):

Zumindest wird ein dreiphasiger Ablauf der Suburbanisierung erkennbar, mit einer Anfangsphase bis 1960, einer dynamischen Wachstumsphase zwischen 1960 und 1970 und einer Stagnationsphase in der letzten Dekade mit stark zurückgehenden Zuwachsraten. In räumlicher Hinsicht, darauf weist in Abb. 2 Kurve b hin, zeigt sich das distanzielle quantitative Ungleichgewicht zwischen innerem und äußerem suburbanen Raum, wobei als Trennlinie zwischen den beiden Teilregionen die Zuzugsabschwungszone zwischen 1960 und 1970 angenommen werden kann.

Im Diagramm c des Modells werden die Folgen der Bevölkerungssuburbanisierung angedeutet: höhere Anforderungen an die Infrastruktur, stärkere Aus- und Überlastung der Infrastruktur besonders im inneren suburbanen Raum, Übernahme funktionaler Aufgaben des inneren suburbanen Raumes für den äußeren, die bisher noch wenig untersucht sind. Wir stellen also für den suburbanen Teil der Region in bezug auf die Bevölkerungssuburbanisierung fest, daß zwar die Phase der dynamischen, hauptsächlich kernstadtbedingten Außensteuerung abgeschlossen scheint, aber jetzt umso stärker besonders im inneren Teil der suburbanen Region endogene Transformationsprozesse auftreten.

Verstärkt werden diese Prozesse durch die besonders für die Modellregion typische Tertiärsuburbanisierung. Wie eine Zusammenstellung der Veränderung der sozialversicherungspflichtig Beschäftigten nach Wirtschaftssektoren zwischen 1976 und 1984 für die Verdichtungsregionen der Bundesrepublik Deutschland zeigt (vgl. Tab. 1), nehmen zum einen auf Kosten der Sekundär-Beschäftigten generell (mit Ausnahme Bremens und des Ruhrgebiets), d.h. in Kernstadt und Region die Tertiärbeschäftigten zu, aber im Vergleich dieser beiden Teilräume untereinander ist das Wachstum im suburbanen Raum in allen Regionen höher als in den Kernstädten. Für das Rhein-Main-Gebiet belegen dies die sozialversicherungspflichtig Beschäftigten nach Wirtschaftssektoren und Gemeinden für 1980 und 1984 (vgl. Abb. 3 und 4). Schon rein optisch ist eine Zunahme der Gemeinden, besonders in der inneren suburbanen Region zu beobachten, in denen die sozialversicherungspflichtig Beschäftigten im Tertiären Wirtschaftssektor mehr als 50 % der Beschäftigten ausmachen.

Besonders typisch für diesen Prozeß ist die Standortentwicklung der Datenverarbeitungsbetriebe in der Region, etwa dokumentiert mit Hilfe des Branchenfernsprechbuches der Deutschen Bundespost, wobei wir uns der Problematik dieser Datenquelle durchaus bewußt sind - aber Besseres gibt es leider noch nicht (vgl. WOLF/BÖRDLEIN 1987, 481). Bei hoher Betriebsdichte in jedem Untersuchungsjahr - verglichen werden die Jahre 1977/78 bis 1985/86 - in Frankfurt am Main holen Umlandstandorte in jüngster Zeit mehr und mehr auf. Die Kernstadt

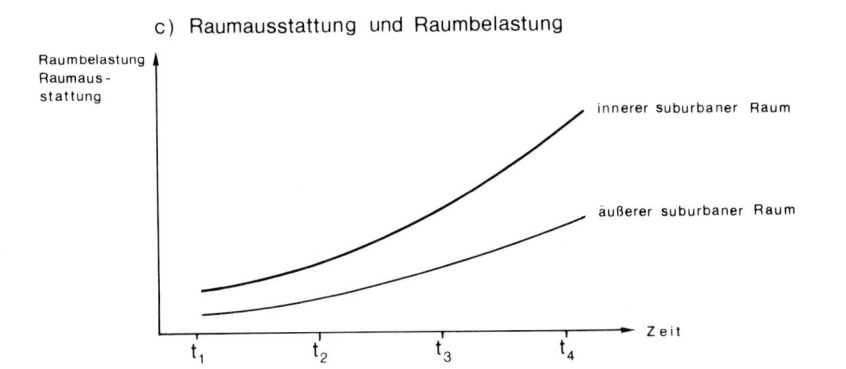

Abb. 2: Phasenmodell der Wohnsuburbanisierung

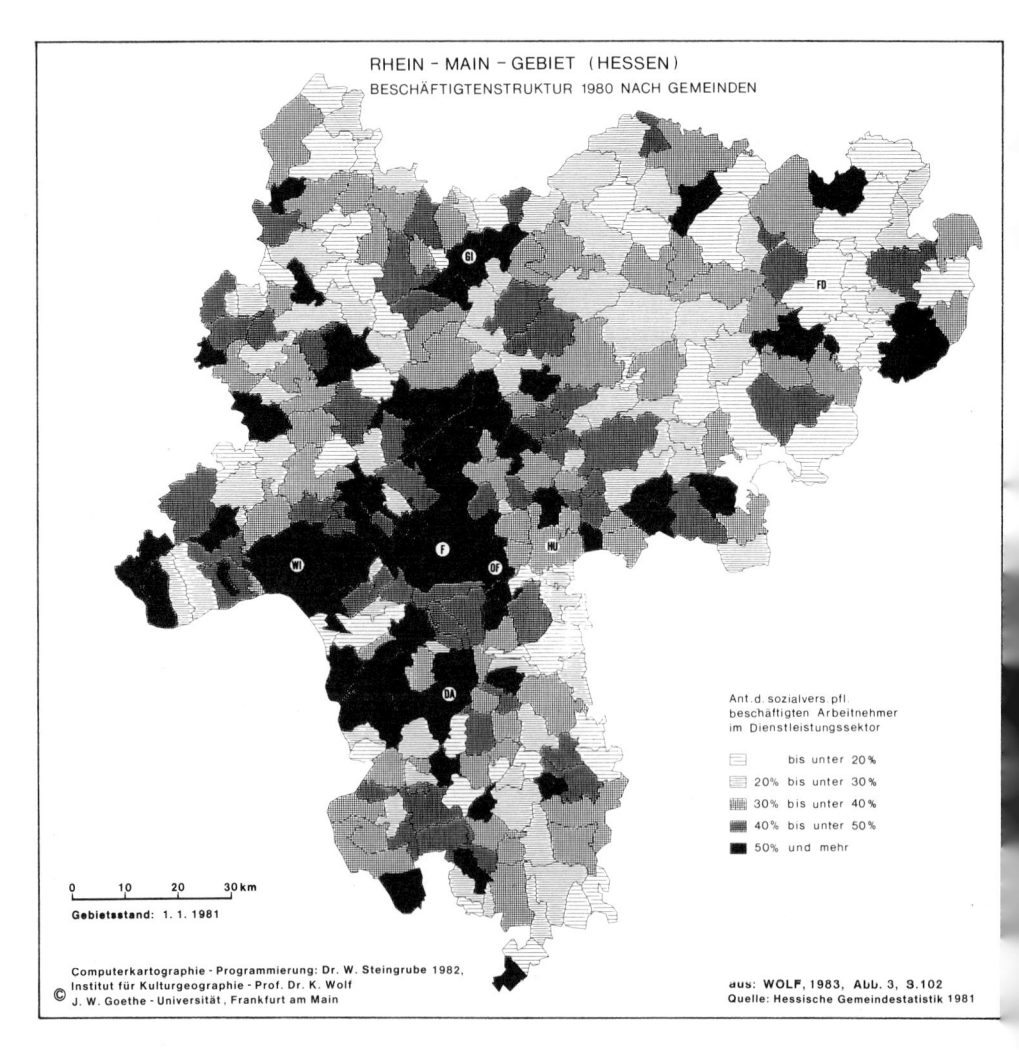

Abb. 3: Beschäftigtenstruktur 1980 nach Gemeinden im Rhein-Main-Gebiet (Hessen)

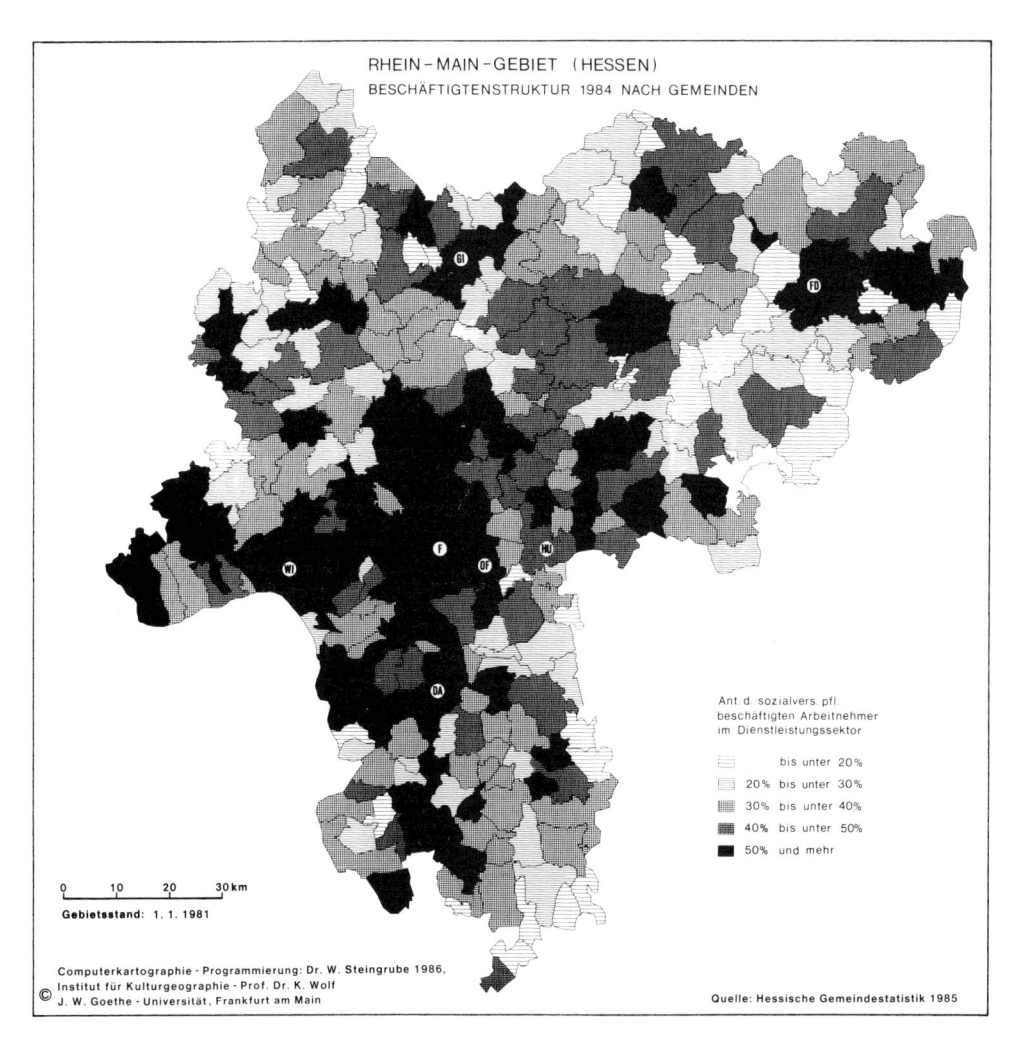

Abb. 4: Beschäftigtenstruktur 1984 nach Gemeinden im Rhein-Main-Gebiet (Hessen)

Tab. 1: Veränderung der sozialversicherungspflichtig Beschäftigten nach Wirtschaftssektoren 1976-1983 in den Agglomerationen der BRD - regional gegliedert nach Kernstädten und Umland

	Sekundärer Sektor			Tertiärer Sektor	
	Kernstädte		Umland	Kernstädte	Umland
	Anteil 1976 %	Veränderung %	%	%	%
Hamburg	32.2	-11.3	1.7	0.5	23.4
Bremen	41.2	-17.1	- 6.5	- 0.4	11.8
Hannover	41.1	-12.2	- 5.7	1.9	17.5
Ruhr	55.4	-19.1	-10.3	- 4.8	10.4
Rhein	50.3	-14.0	- 1.6	2.3	13.0
Rhein/Main	40.6	- 8.0	- 6.1	8.0	12.5
Rhein/Neckar	56.2	- 5.0	- 2.3	5.6	19.6
Karlsruhe	45.9	-11.8	5.1	6.7	21.9
Stuttgart	45.9	- 8.7	3.0	3.5	18.0
München	41.2	- 2.8	1.2	11.2	21.2
Nürnberg-Erlangen	53.7	-11.4	- 3.3	12.4	30.6

Quelle: Häußermann/Siebel, 1986, 81

bleibt zwar (noch) Standort mit den meisten Betrieben, aber besonders in Taunus- und Flughafennähe ist neben der Kernstadt ein rasches Wachstum zu beobachten.

Damit nimmt auch der Druck, zumindest in bestimmten tertiärwirtschaftlichen Präferenzstandorten des Umlandes, auf die Siedlungsfläche zu und es entsteht, da Tertiär-Unternehmen hohe Umweltqualitätsansprüche stellen, hier eine ziemliche Konkurrenzsituation mit anderen, z.B. Wohn- oder Freizeitflächennachfragen.

Eine kurze Analyse der Kernstadt läßt folgende Tendenzen erkennen:

- einerseits ist sie oder versucht sie in dynamischen Regionen, aber neuerdings auch in altindustrialisierten Regionen, schon auf Grund der eingangs verdeutlichten internationalen und nationalen Situation (nach wie vor) höchstrangiger Standort für steuernde Funktionen, Versorgung und Kultur zu sein und sich den erklommenen Platz in der internationalen oder nationalen Rangfolge-Skala zu erhalten oder gar weiter nach oben zu klettern. Aber auf Grund der geschilderten internationalen und nationalen interregionalen Konzentrationstendenzen steuernder Funktionen (z.B. Konzentration von Unternehmensleistungen) ist dies nicht immer einfach. Als ein typisches Beispiel negativer Entwicklung mag die Stadt Mannheim angesehen werden, von der "langsam aber stetig die Hauptsitze bedeutender Unternehmen ... abwandern." (vgl. FAZ v. 18.12.1985, S. 13).

Auffallendste Komponente dieses Prozesses in den Kernstädten sind folgende bipolare Entwicklungen: einerseits die Entstehung sogenannter Gewerbeerosionsgebiete/Gewerbebrachen - in altindustrialisierten Regionen sogar große Industriebrachen - mit jeweils weniger oder mehr kontaminierten Böden, über die man noch sehr wenig weiß, und andererseits häufig aufgeputzte, in jüngerer Zeit meist der postindustriellen Gesellschaft entsprechend, postmodern gestylte Innenstädte, ausgerichtet auf die neue Tertiär-Schicht. BARTETZKO stellt dazu aus bauästhetischer Sicht die These auf, daß die Bau- und Warenhaus-Ästhetik der "tertiären" (Einkaufs-)Stadt die Erfüllung alltagsweltlicher Wünsche aus der Privatsphäre der Menschen bedeutet (1986, 175 ff.).

Versucht wird auch allenthalben in den Kernstädten der Region, unter Hintanstellung sekundärwirtschaftlicher Interessen auf "High"Kommunikation als Standortstrategie zu setzen und für die in ihr Beschäftigten Versorgungs- und "Verbringungs"-Einrichtungen zu schaffen bzw. in privater Regie zuzulassen. Die Abbildungen 5 und 6 aus der Modellregion mögen diese kernstädtische Bipolarität belegen.

Ganze Gewerbegebiete fallen brach bzw. werden mindergenutzt (in unserem Beispiel das Gebiet der Voltastraße in Bockenheim, vgl. Abb. 5). Typischerweise soll hier in der sogenannten "City-West" ein High-Tech-Zentrum entstehen. Von der Tertiär- bzw. Quartär-Struktur her setzt die Kernstadt (Frankfurt) weiter auf die Bereitstellung hochwertigen innenstädtischen Büroraumes (z.B. in Form des Ausbaus der Mainzer Landstraße, eines Hochhauses an der Messe oder des sog. "Campanile" an der Südseite des Hauptbahnhofs, vgl. Abb. 6). Die innenstädtische Kernstadt wird Quartärzentrum mit Beschäftigungs- und dazugehöriger Dienstleistungsperipherie. Dies läßt sich z.B. auch in der Veränderung bestimmter Einzelhandelsbranchenstrukturen nachweisen: Trend zu Ketten- oder Filialbetrieben mit überall gleicher Aufmachung und gleichem Angebot (z.B. nachgewiesen an der Eröffnung bestimmter Parfümerie-Ketten in Frankfurt am Main, vgl. WOLF 1987, 139 ff.).

Welche Folgerungen soll oder kann man nun aus dieser zugegebenermaßen sehr verkürzten Analyse für die zukünftige Entwicklung von Stadt und Region ziehen?

Ich will zu drei Punkten Stellung nehmen, die sich in der Reihung aufeinander beziehen:

1. Die räumliche Entwicklung von Kernstadt und Region wird unbeschadet der geschilderten internationalen und nationalen Einbindung der Kernstadt in Informations- und Steuerungsstrukturen ökonomischer Prozesse ganz entscheidend auch abhängen von den sich wandelnden Lebensentwürfen der heute

	Nichtnutzung	= freies Grundstück oder leerstehendes Gebäude
	Übergangsnutzung	= leicht zu verlegender Betrieb ohne eigene Investitionen oder verfallendes Gebäude
	Mindernutzung	= teilweise ungenutztes Grundstück, überwiegend Autoabstellplätze, teilweise leerstehendes Gebäude, zweckentfremdetes Gebäude
	Nicht optimale Nutzung	= genutzt, aber vom Grundstückszuschnitt, der Nutzunsorganisation oder dem Betriebsablauf her nicht optimal
	Normale gewerbliche Nutzung	

Begehungen: am 6. 8. und 9.8.1982

nach: T. Berge, 1984

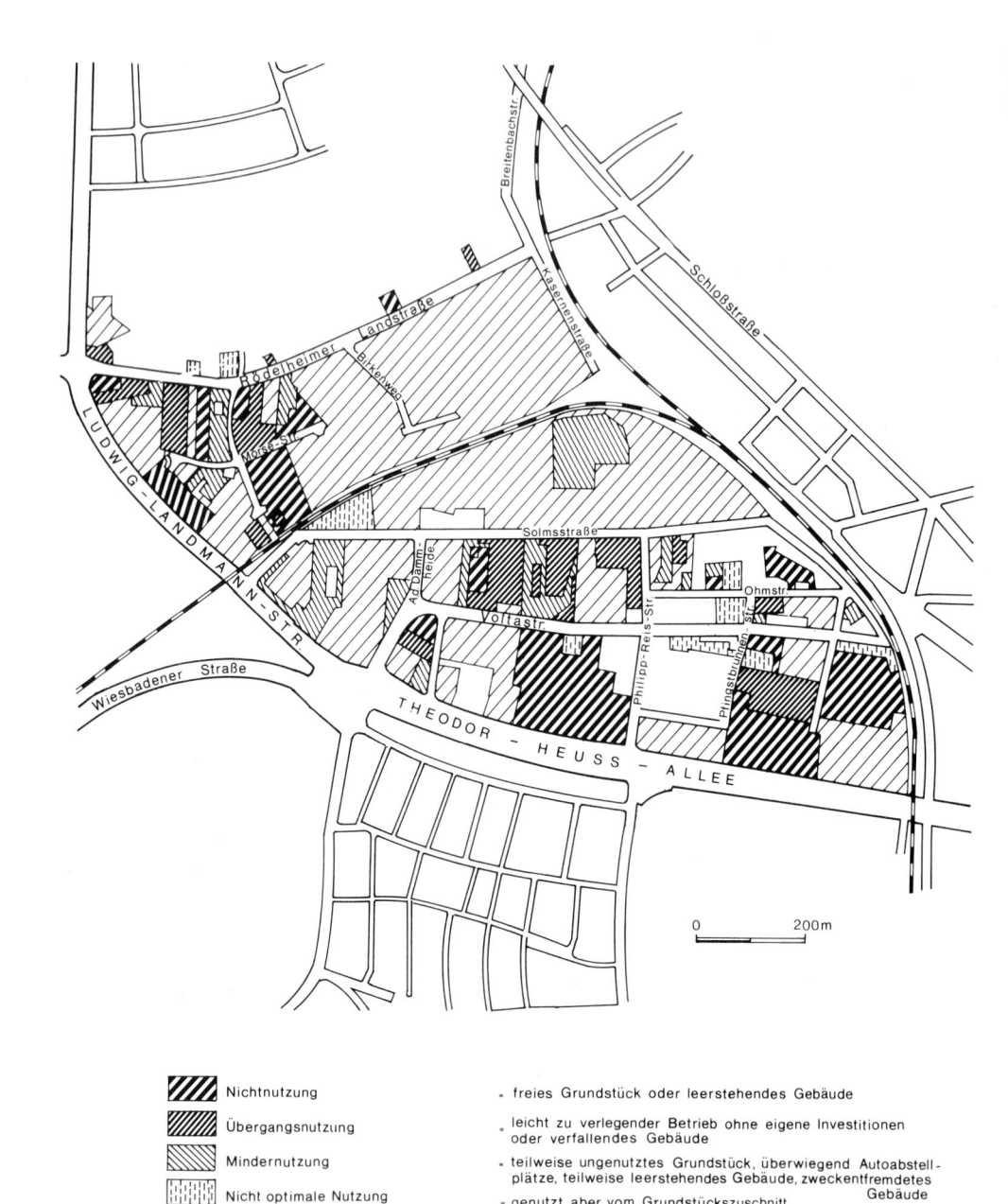

Abb. 5: Nutzungsintensität der Grundstücke im Untersuchungsgebiet "Rödelheimer Landstraße-Voltastraße" Frankfurt am Main

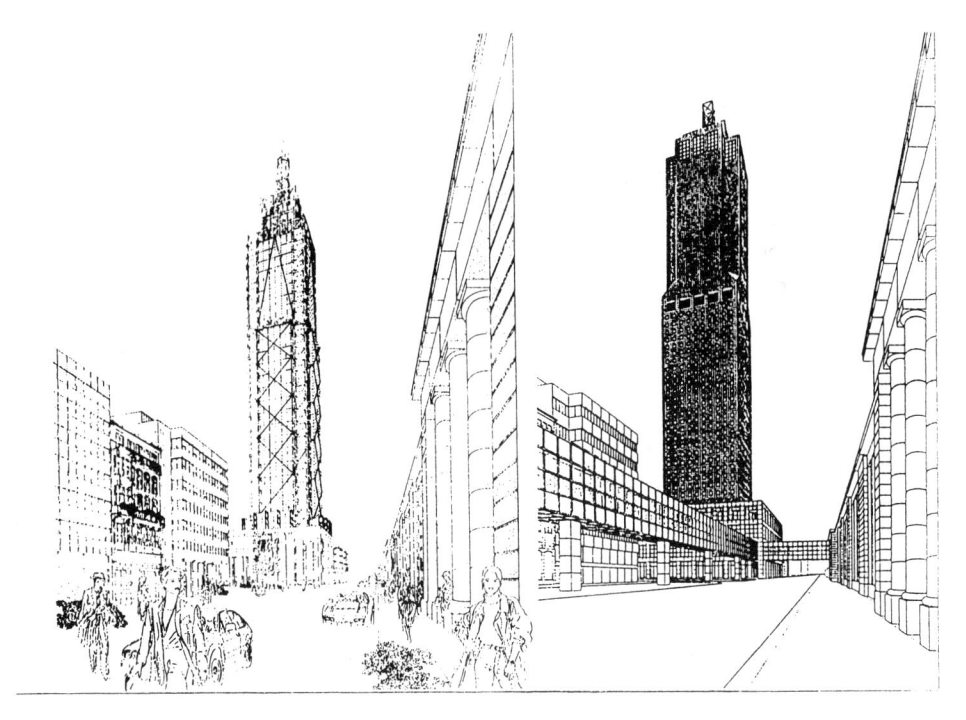

Entwurf
von der Planungsgemeinschaft J.S.K.
(Joos, Schulze, Krüger-Heiden)

Entwurf
von Büro Ungers

Abb. 6: Entwürfe "Campanile" Hauptbahnhof Frankfurt am Main (1987)
(Quelle: Frankfurter Allgemeine Zeitung, 16.5.87, Nr. 113, S. 43)

Lebenden und besonders der nachwachsenden Generation. KRIPPENDORF und Mitarbeiter (1987[2], 149) haben in ihrer Veröffentlichung zu Freizeit und Tourismus dazu ein Szenario entworfen, in dem der hedonistischen, an der Arbeits- und Leistungsgesellschaft orientierten Lebensauffassung, eine ganzheitliche Lebensauffassung, die von grundlegenden Umorientierungen in den gesellschaftlichen Werthaltungen ausgeht, gegenübergestellt wird. Während im hedonistischen Prinzip Arbeits- und Freizeit scharf getrennt sind und Freizeit vornehmlich Konsumzeit ist, wird in dem ganzheitlichen Ansatz Freizeit als soziales Handlungsfeld aufgefaßt, das nicht mehr streng zwischen Arbeitszeit und Freizeit trennt und dadurch zu völlig gewandelten, auch und besonders raumbezogenen Verhaltensweisen kommt. Es entstehen so wieder ganzheitliche Lebensräume. Daraus folgt:

2. Sicher ist eine die gesamte Gesellschaft umfassende Konzeption der Lebensgestaltung und des Lebensraumes nicht mehr gegeben und daher Siedlungsentwicklung und - ich zitiere - "Städtebau in der Form des Zusammenfügens

baulicher Details zu einer gesamtstädtisch gestalteten Einheit nach einem gesellschaftspolitischen Leitbild ... nicht mehr möglich" (LEITBILD STADT 1986, 13). Vielmehr könnten Lebensräume im Sinne ganzheitlicher Arbeits- und Freizeiträume auch die Siedlungsräume bestimmen und, daraus abgeleitet wäre, um mit UNGERS (1985, 47) zu sprechen, die Region als ein Städtearchipel aus einzelnen Stadtinseln oder besser: Lebensrauminseln zusammenzusetzen - zugegeben, angesichts der heutigen Siedlungssituation beinhalten solche Überlegungen noch relativ viel an Utopie.

Aber schließlich ist jede Stadt und ihre Region / oder jede Stadt in ihrer Region

3. vor die Frage gestellt, wie sie es bei der Zukunftsplanung mit den unter 1) und 2) genannten Prämissen halten will. Bei dichotomer arbeitsweltlich/hedonistischer Strategie werden die heute zu beobachtenden Funktionstrennungsbereiche für Arbeiten, Wohnen und Freizeit mit ihren in sich noch einmal nach Kapitalpotenz differenzierenden - Kern-Rand-Gefälle-Raummustern gerade auf Grund von "High-Tech" und "I- und K-Technologie" bei zunehmender Distanzausweitung weiter ausdifferenziert und den Raum weiter belasten (im April 1987 waren in der kommunalen Einheit Frankfurt am Main 300.000 Autos zugelassen!) - bei ganzheitlichen, verstärkt lokale und regionale Identität vermittelnden Lebensauffassungs- bzw. Lebensraumstrategien können (oder könnten) eine Vielzahl der heutigen Belastungen zurückgebaut werden. Das hieße aber an vielen Stellen, andere Strategien einzuschlagen als bisher. Wichtigstes Kriterium dabei ist, Wohn-, Arbeits- und Freizeit-Zeitbudgets stärker aufeinander abzustimmen bzw. zu verschränken und - gerade durch sinnvollen Einsatz der Kommunikationsvernetzung - die Standorte für diese Zeitbudgets nicht noch weiter zu splitten, sondern ihre Distanzen zu minimieren und die Dimensionen der Standorte zu beschneiden.

Bei wohl weiter schrumpfender Bevölkerung und ihren Auswirkungen besonders am Regionsrand und in den Flächen der punkt-axialen Systeme zwischen den vor allem schienengebundenen Verkehrsachsen ist schon jetzt Gelegenheit, Konzepte in dieser Richtung, sei es im Arbeits-, Schul- oder Versorgungsbereich, zu entwickeln und sich auf kommende Schrumpfungstendenzen einzustellen. Hierbei kann die Geographie sowohl in sektoralen als auch in regionalen Fallstudien dazu beitragen, daß solche ganzheitlichen Lebensstrukturen in ihren räumlichen Bedingungen analysiert werden. Gleichzeitig können diese in Zukunft zu Lebensräumen führen, die in weiten Teilen der Städte verträglicher als die heutigen sind.

Literaturverzeichnis

BARTETZKO, D. (1986): Verbaute Geschichte. Stadterneuerung vor der Katastrophe. - Darmstadt und Neuwied

BERGE, T. (1984): Der wirtschaftliche Strukturwandel in Agglomerationskernen in seinen Auswirkungen auf städtische Gewerbegebiete. Das Beispiel Frankfurt am Main. - Diplomarbeit Frankfurt am Main

FRIEDRICHS, J. (1986): Komponenten der ökonomischen Entwicklung von Großstädten 1970-1984. Ergebnisse einer Shift-Share-Analyse. - Friedrichs, J., Häußermann, H. & W. Siebel (Hrsg.): Süd-Nord-Gefälle in der Bundesrepublik? S. 117-141. Opladen

FRIELING, H. D. v. & J. STRASSEL (1986): Ökonomischer Strukturwandel und Stadtentwicklung, ein Forschungskonzept. - Stadtentwicklung, Weltmarkt, Nationales Wirtschaftswachstum, 1, S. 9-87. Oldenburg

HÄUSSERMANN, H. & W. SIEBEL (1986): Die Polarisierung der Großstadtentwicklung im Süd-Nord-Gefälle. - Friedrichs, J., Häußermann, H. & W. Siebel (Hrsg.): Süd-Nord-Gefälle in der Bundesrepublik? S. 70-96. Opladen

HOFMANN, U. (1985): Mannheim - ein Standortschicksal. - Frankfurter Allgemeine Zeitung, 18.12.1985, Nr. 293, S. 13

KRIPPENDORF, J., KRAMER, B. & H. MÜLLER (1987^2): Freizeit und Tourismus. Eine Einführung in Theorie und Politik. - Berner Studien zum Fremdenverkehr, 22

LEITBILD STADT (1986): Diskussionsforum im Neuen Schloß Stuttgart, 1985, hrsg. im Auftrag d. Konrad-Adenauer-Stiftung von F. Schuster. - Forschungsbericht Konrad-Adenauer-Stiftung, 55. Melle

SCHWANZER, W. (1987): Suburbanisierung im Main-Kinzig-Kreis. Ein Beitrag zum Problem des Sozialraumwandels. - Rhein-Mainische Forschungen, 104

STIGLBAUER, K. (1986): Neue Rollen der Großstädte in hochentwickelten Staaten - Wien als Beispiel. - Rhein-Mainische Forschungen, 103, S. 11-58

UNGERS, O. M. (1986): Architektur in der Stadt. - Leitbild Stadt, S. 40-47. Melle

WOLF, K. (1986): Das Siedlungssystem des Rhein-Main-Gebietes. Ansätze zu seiner regionalpolitisch orientierten Analyse. - Frankfurter Geographische Hefte, 55, S. 121-165

WOLF, K. (1987): Die 'neue' stadtbildende Funktion des Dienstleistungswandels. Eine 'qualitative' Skizze am Beispiel Frankfurt am Main. - Mitt. d. Arbeitskreises für neue Methoden in der Regionalforschung, 17, S. 139-141. Wien

WOLF, K. & R. BÖRDLEIN (1987): Informationstechnisch bedingte raumstrukturelle Veränderungen im Frankfurter Umland - mit besonderer Berücksichtigung der Funktion des Frankfurter Flughafens. - Akademie für Raumforschung und Landesplanung, Forschungs- und Sitzungsberichte, 169, S. 471-501

Der aktuelle Stand der Suburbanisierung im westlichen Rhein-Neckar-Raum

Wolfgang Herden (Heidelberg)

1. Überblick und empirische Vorgehensweise

Dieser Beitrag untersucht die sozialen und räumlichen Charakteristika der Bevölkerungsverschiebungen und Wohnbauaktivitäten in der Stadtregion Rhein-Neckar seit 1950. Zu Beginn werden zunächst einige Feststellungen zu den jüngsten Bevölkerungsveränderungen in der Bundesrepublik Deutschland im allgemeinen gemacht, die den sozialen, ökonomischen und technologischen Wandel innerhalb unserer Gesellschaft beleuchten. Als zweiter Themenpunkt wird eine statistische Analyse auf Gemeindebasis diskutiert. Dabei werden Bevölkerungs- und Wohnungs- /Wohngebäudedaten von ca. 50 Gemeinden zwischen dem Verdichtungskern Mannheim-Ludwigshafen und der metropolitanen Peripherie, dem Pfälzer Wald, analysiert, wobei die Volkszählungen 1950, 1961 und 1970 als Zeitmarken gewählt wurden. Ausgehend von den 70er Zensusdaten als Referenzgrundlage und gemeindlichen Bevölkerungsfortschreibungen bzw. Wohngebäudefertigstellungsdaten, die seitens des Raumordnungsverbandes Rhein-Neckar zur Verfügung gestellt wurden, untersucht der dritte Gliederungspunkt speziell die Bevölkerungssuburbanisierung seit 1970. Die neuesten Informationen aus der Volkszählung 1987 waren bei der Abfassung dieses Artikels noch nicht verfügbar. Der statistische Ansatz auf dem Meso-Niveau wird dabei helfen, die Gründe für die Abschwächung der Bevölkerungszuwanderung in diesen Raum innerhalb der letzten drei Dekaden herauszuarbeiten. Schlußendlich werden die Ergebnisse eigener empirischer Untersuchungen in unterschiedlichen Zuzugsgemeinden diskutiert. Diese Aussagen werden durch einige Abbildungen unterstützt, die einen Einblick in die räumliche Konstellation des Rhein-Neckar-Raumes geben. Die Detailkenntnis über mehrere Empfängergemeinden basiert auf der Auswertung detaillierter Haushaltsfragebögen, in denen die Motive für den Wohnortwechsel hinterfragt und die Gründe für den Zuzug in diese erst kürzlich errichteten peri-urbanen Wohnfraktionen aufgedeckt wurden.

2. Die jüngsten metropolitanen Veränderungen in der Bundesrepublik Deutschland

Die Dezentralisierung von Bevölkerung und Bausubstanz, Arbeitsplätzen, Einkaufsmöglichkeiten und anderen infrastrukturellen Einrichtungen hat die gebietliche Zuordnung, die räumliche Organisation und die sozio-ökonomische Komposition der bundesdeutschen metropolitanen Räume innerhalb der vergangenen 3 Jahrzehnte entscheidend verändert. Dabei hing der Grad der Dekonzentration urbaner Funktionen vor allem vom Entwicklungsstadium der jeweiligen regionalen Verkehrsnetze ab, von der Höhe der individuellen Motorisierung, dem Angebot adäquaten Baulandes für Wohnbebauung und Industrieverlagerungen an den Stadträndern bzw. der metropolitanen Peripherie, und von der Bereitschaft der beteiligten Akteurgruppen, weitere Entfernungen und mehr Zeit für das Pendeln zwischen Wohnort einerseits und Arbeits- bzw. Ausbildungsort andererseits in Kauf zu nehmen.

Während der Begriff "urban" in Deutschland traditionell auf denjenigen Anteil der Bevölkerung einer Region bezogen wurde, der permanent innerhalb der Grenzen einer Stadt wohnte, verlangte die Zeit nach dem 2. Weltkrieg sukzessive nach einer inhaltlichen Erweiterung dieses Begriffs, um der veränderten räumlichen und sozialen Realität Rechnung zu tragen. Folgerichtig werden heutzutage auch diejenigen Mitglieder einer metropolitanen Bevölkerung, die ihr tägliches Leben zwar nach städtischen Standards ausrichten, ihren ständigen Wohnsitz jedoch in Gemeinden ohne städtischen Charakter haben, als "urban" charakterisiert (MACKENSEN 1970, Sp. 3589). Verstädterung des urbanen Umfeldes sprich Suburbanisierung ist die wissenschaftliche Bezeichnung für das räumlich-strukturelle Ergebnis dieser jüngsten Bevölkerungsumschichtungen und Wohnstandortverlagerungen in den metropolitanen Einflußbereich. SUBURBANISIERUNG - die Stadt fließt in die Fläche! Allerdings muß im Vergleich mit anderen hochindustriellen Staaten, wie z.B. den U.S.A., Großbritannien, Japan etc. festgestellt werden, daß die Bundesrepublik Deutschland das am geringsten suburbanisierte Industrieland ist. Das trifft nicht nur auf die Bevölkerung zu, sondern gilt ebenso für den Grad der Dezentralisierung aller anderen städtischen Funktionen (GLICKMANN & WHITE 1979, 41-43).

Die jüngste Epoche von Bevölkerungsveränderungen und Landnutzungsverschiebungen spielte sich bundesweit nach dem 2. Weltkrieg ab. Und als bedeutendste "push"-Größe und statistische Variable, um den resultierenden Wandel der Raumstruktur innerhalb der Stadtregionen zu erklären, schälte sich die Bevölkerungsumverteilung durch intra-regionale Wanderungen heraus (GATZWEILER & SCHLIEBE 1982, 894). Die Tatsache, daß Arbeitsplätze des sekundären und tertiären Sektors ebenfalls suburbanisierten, ist in der sozial- und regionalwissenschaftlichen Literatur bislang kontrovers diskutiert worden (v. ROHR 1975; HELLBERG 1975; GATZWEILER & SCHLIEBE 1982). Aber dieses Phänomen sollte bei uns nicht überschätzt werden!

Ein städtischer Dekonzentrationsprozeß, in der Dimension vergleichbar etwa dem U.S.-amerikanischen, mit großzügig angelegten suburbanen Industrie- und Büroparks, regionalen Einkaufszentren und Kernstadt-unabhängigen suburbanen "minicities" (VANCE 1977), hat in der Bundesrepublik Deutschland bisher nicht stattgefunden, teilweise bedingt durch areale Beschränkungen (HERDEN 1981, 274).

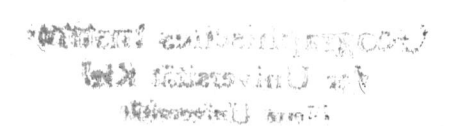

Aber die räumliche Dimension ist nur eine von vielen möglichen Erklärungsansätzen für die Andersartigkeit im Ablauf eines Raumprozesses. Bevölkerungsumverteilungen und Landnutzungstransformationen in der Nachbarschaft städtischer Agglomerationen sind immer auch ein Indikator für sozialen, ökonomischen und technologischen Wandel innerhalb einer Gesellschaft. Und besonders in den mittsiebziger Jahren wurde die Bundesrepublik Deutschland von einer ganzen Palette von Veränderungen fundamentaler Rahmenbedingungen hinsichtlich Bevölkerung und Wohnen getroffen. Diese Modifikationen der Ausgangsbedingungen ereigneten sich kumulativ, in etwa zur gleichen Zeit und mit nachhaltiger Stärke.

An erster Stelle muß da der Wandel im generativen Verhalten genannt werden, mit seinen Konsequenzen für eine kontinuierliche Bevölkerungsreduzierung und der Tendenz zu kleineren Haushalten. Eine zweite Veränderung betraf die stärkere Sensibilisierung der Bevölkerung für Umweltprobleme, die einerseits einherging mit der Renaissance des Bewußtseins, daß der Mensch ein Teil des Ökosystems Natur ist, und andererseits mit einem verstärkten Ruf nach äußerst sparsamen Gebrauch der natürlichen Ressourcen. Der Strukturwandel in der Wirtschaft mit sinkenden Produktionszahlen, fortdauernden Verlusten an Arbeitsplätzen, eingeschränktem Kapital zum Konsum und nur noch sehr langsam steigenden Einkommen bildete den dritten Faktor von Veränderungen. Der steile Anstieg der Energiekosten seit 1973, verbunden mit höheren Eigenbeteiligungen für die Fahrt von und zur Arbeit, vor allem für die längeren Pendeldistanzen, bildete eine vierte Modifikation der ursprünglichen Bedingungen. Und schließlich fand auf der Ebene der politischen Entscheidung eine Umorientierung bezüglich der Bewertung des Wohnens und der generellen urbanen Entwicklung statt. Anstelle des Neubau- und Expansionsdenkens traten nunmehr Ideen der Modernisierung des Wohnbaubestandes, der Wiederbelebung der städtischen Umwelt und vor allem der Innenstadterneuerung.

In den Jahren zwischen 1961 und 1970 wuchs die Bevölkerung der Bundesrepublik noch um 4,5 Millionen, von 1970 bis 1980 nur noch um eine Million. Seit 1972 starben jährlich mehr Menschen als durch Neugeborene substituiert werden konnten. In den Jahren 1972 und 1973 konnten die Sterbeüberschüsse noch durch die Zuwandererzahlen ausländischer Arbeitnehmer kompensiert werden. In der Bilanz für 1974-1976 konnten allerdings die internen Bevölkerungsverluste nicht länger durch positive Zuwanderungssalden verdeckt werden. Die Gründe für diese Trendwende sind zum einen im Anwerbestopp für ausländische Arbeitnehmer zu suchen, zum anderen aber auch in der kritischen wirtschaftlichen Situation, die einen beträchtlichen Anteil der ausländischen Arbeitskräfte dazu zwang, in ihre Heimatländer zurückzukehren. Erst seit 1977 ist der Wanderungssaldo mit dem Ausland wieder positiv; und seit 1979 ist die Gesamtzahl der Bevölkerung wieder gestiegen, wenngleich nur sehr langsam.

Eine Analyse der metropolitanen Bevölkerungsumschichtungen vor dem Hintergrund eines geänderten Rahmens gesellschaftlicher Bedingungen offenbart, daß der Höhepunkt der Bevölkerungssuburbanisierung westdeutscher Stadtregionen in der ersten Hälfte der siebziger Jahre lag. Danach ist die Intensität der Bevölkerungsdezentralisierung erheblich zurückgegangen; und am stärksten rückläufig war sie fortan in den dichtest besiedelten Zonen der größeren Verdichtungsräume. Ganz generell stimmt diese Feststellung für die zehn größten Agglomerationsräume der Bundesrepublik Deutschland. Und im besonderen trifft sie auf jene Stadtregion zu, die als "reale Welt"-Ebene und empirische Datenbasis für diesen Beitrag fungiert, nämlich der Rhein-Neckar-Raum mit seinem Kernstadt-Double Mannheim-Ludwigshafen und seinen metropolitanen Peripherien, dem Odenwald im Osten und dem Pfälzer Wald im Westen (Abb. 1).

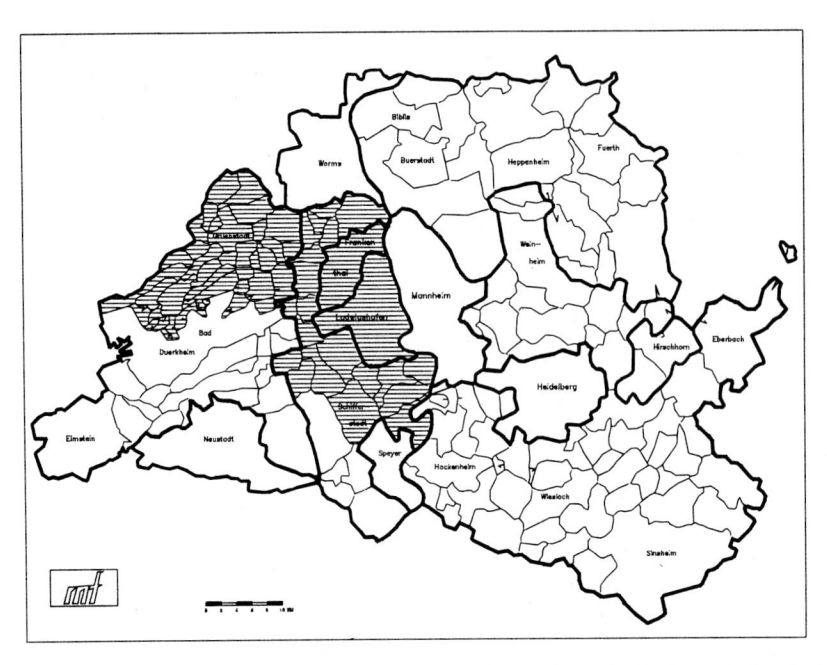

Abb. 1: Die Lage der Untersuchungsgemeinden innerhalb des Rhein-Neckar-Raumes

3. Die Veränderung von Bevölkerung und Bausubstanz seit Mitte der siebziger Jahre

Mit einer Bevölkerung von ca. 1,75 Millionen gehört der Rhein-Neckar-Raum zu den 10 größten bundesdeutschen Stadtregionen (Abb. 2). Die Kernstädte Mannheim (ca. 300 000 Einwohner), Ludwigshafen (ca. 150 000 E.) und Heidelberg (ca. 140 000 E.) beherbergen ungefähr ein Drittel der gesamten metropolitanen Bevölkerung innerhalb ihrer Stadtgrenzen. Als wirtschaftlich-räumliche Konsequenz historischer Territorialgrenzen haben sich die einzelnen Teilräume zwischen

Odenwald und Pfälzer Wald bis zum 2. Weltkrieg äußerst unterschiedlich entwikkelt, wie FRICKE (1976) detailliert analysierte. Aber auch die Zeit nach 1950 zeigt zu beiden Seiten des Rheins kein einheitliches Entwicklungsmuster, was die räumliche Umorganisation von Bevölkerung und Wohnstandorten betrifft. Dabei spielt die Tatsache eine gewichtige Rolle, daß der Rhein-Neckar-Raum die einzige deutsche Stadtregion ist, deren Gebiet sich auf drei verschiedene Bundesländer erstreckt: der nordöstliche Teil gehört zu Hessen, der östliche und südöstliche Teil zu Baden-Württemberg, und die westliche Hälfte liegt vollständig in Rheinland-Pfalz.

Wenn man die oftmals auftretenden Schwierigkeiten beim Aufbau Ländergrenzenüberschreitender, vergleichbarer statistischer Datensätze bedenkt - und hier ist vor allem die Vergleichbarkeit von Daten der Volkszählungen 1950 und 1961 angesprochen und der Gemeindedaten vor und nach der Gemeindereform in den einzelnen Bundesländern - so bietet sich für eine durchgängig vergleichbare Entwicklung der Suburbanisierung der Stadtregion Rhein-Neckar der westliche Teil geradezu an. Deshalb wird sich die Detailanalyse auf die sogenannte nördliche Vorderpfalz beziehen, den Raum zwischen dem Rhein im Osten, dem Pfälzer Wald im Westen, der Grenze zum Landkreis Alzey-Worms im Norden und einer Achse Bad Dürkheim-Speyer im Süden. Damit gehen ca. 50 Gemeinden in die Analyse der Bevölkerungs- und Wohngebäudeveränderungen ein (Abb. 1).

Von einer Bevölkerungsdezentralisierung der nördlichen Vorderpfalz kann man streng genommen erst seit 1960 sprechen. Obgleich die davorliegende Dekade ebenfalls beträchtliche Migrationsströme hervorbrachte, kann man den geographisch-räumlichen Niederschlag dieser Zeitspanne noch nicht mit dem Begriff Suburbanisierung belegen. Denn die großflächige Transformation der urbanen Peripherie durch gezielte Einfamilienhausbauweise stand noch am Anfang. Es ist erst die Verknüpfung von verschiedenen, zeitgleich ablaufenden, innovativen Prozessen, die das sozial und wirtschaftlich gesteuerte Phänomen Suburbanisierung auch raumwirksam macht - die Ausweisung kleinparzellierter Bauflächen für Einfamilienhausbebauung an der Peripherie, der Exodus zumeist jüngerer Familien mit Kindern aus den Städten und die tägliche Distanzüberwindung vom neuen Wohnort zur beibehaltenen alten Arbeitsstelle mit dem privaten PKW.

Wenn man einmal den Gebäudesektor genauer unter die Lupe nimmt, dann entpuppen sich die fünfziger Jahre vor allem als eine Ära der Veränderung durch Modifikation an der bestehenden Bausubstanz. Es war die hohe Zeit des Anbauens, Umbauens, Ausbauens und Aufstockens in den Stadtrand- und Vorortgemeinden Ludwigshafens. Erst in zweiter Linie fiel der Neubau von Wohnraum statistisch ins Gewicht. Und dabei lag der Schwerpunkt des neuen Wohnraumgewinns eindeutig im Sektor des Baues von Mehrfamilienwohngebäuden, wobei als Bauträger unterschiedliche Siedlungsbaugesellschaften fungierten, getragen von Industriebetrieben, kirchlichen Gemeinschaften oder etwa

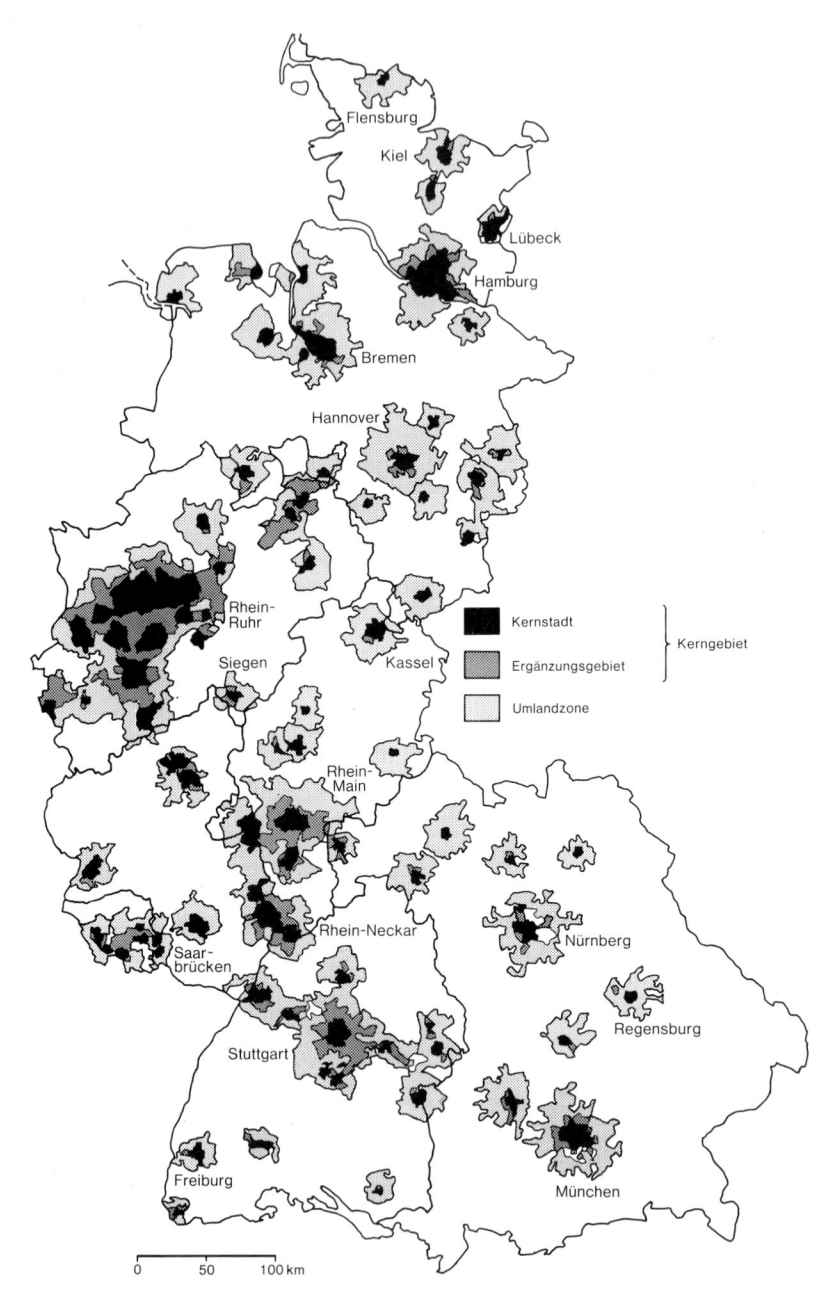

Abb. 2: Stadtregionen in der Bundesrepublik Deutschland (nach: BLOTEVOGEL & HOMMEL 1980)

Sparkassen/Banken. Neben der Stadt Ludwigshafen selbst waren es vor allem die direkten Umlandgemeinden im Westen und Südwesten, die z.T. beträchtliche Ausweitungen ihres Siedlungskörpers erfuhren (Abb. 3). Das Zentrum des relativen Bevölkerungswachstums in dieser Dekade bildete die Gemeinde Limburgerhof mit einem Bevölkerungsgewinn von über 35 % zwischen 1950 und 1961 (LINDENAU 1974; VÖLKL 1979). Mit dem Beginn der sechziger Jahre verlagerte sich der Schwerpunkt überdurchschnittlicher Bevölkerungsgewinne und neuer Wohnbauaktivitäten jedoch in den Nordwesten, nämlich in die Anrainergemeinden der Bundesautobahn Mannheim-Kaiserslautern.

Mit einem Bevölkerungsgewinn von knapp 10 % (1950-61: 23 %) erwiesen sich die sechziger Jahre im Bereich der nördlichen Vorderpfalz zwar als eine Zeitphase des abgebremsten Wachstums. Diese generell richtige Feststellung traf jedoch nicht auf die direkten Nachbargemeinden der Kernstadt Ludwigshafen zu. Der Auffüllungsprozeß in den Gemeinden an der südwestlichen Peripherie ging nämlich weiter. Allerdings verlagerten sich die intra-regionalen Migrationsströme schwerpunktmäßig auf die alten, historisch gewachsenen Agrargemeinden auf der Frankenthaler Niederterrasse (Abb. 4) (s. auch SCHAEFFER 1977). Denn deren starke Bevölkerungsgewinne wurden vorwiegend durch positive Wanderungsbilanzen junger Haushalte der Altersgruppen 21-34, und deren Kinder unter 6 Jahren, gesteuert (Abb. 5) (s. auch HERDEN 1976; 1983).

Die Bevölkerungszahlen der Städte Ludwigshafen und Frankenthal dokumentierten noch nicht den forcierten Auszug deutscher Haushalte in den peripheren Bereich. Denn noch wurden die Bevölkerungsverluste des Verdichtungskerns durch Zuzüge von ausländischen Arbeitnehmern in die veraltete Wohnbausubstanz der Innenstadtquartiere mehr als wettgemacht.

Eine detaillierte Analyse der Akteurgruppen, die damals die Kernstädte verließen und sich im Vorfeld der Gebäudeverdichtung neu ansiedelten, offenbart, daß die 60er Jahre hinsichtlich der Neuorganisation des metropolitanen Raumes in zwei unterschiedliche, aufeinanderfolgende Zeitphasen untergliedert werden müssen. Bis zum Jahre 1965 zeichneten für die - zumeist geringfügigen - Ortserweiterungen fast ausschließlich Einheimische verantwortlich. Den räumlichen Niederschlag ihrer Bauaktivitäten kann man daher, per definitionem, noch nicht als Suburbanisierung bezeichnen. Dieses Vorstadium soll hier als autochthone (innenbürtige) Transformation bezeichnet werden. Erst die zweite Hälfte der sechziger Jahre zeitigte starke Bevölkerungsgewinne durch Zuzüge und z.T. extensive Siedlungsflächenerweiterungen, die typischen Kennzeichen für eine allochthone (außenbürtige) Transformation der Gemeinden. In dieser Zeit, den end-sechziger Jahren, ist der Beginn der Bevölkerungssuburbanisierung des westlichen Rhein-Neckar-Raumes zu sehen.

In den sechziger Jahren dominierte die private Bauherrenschaft mehr und mehr

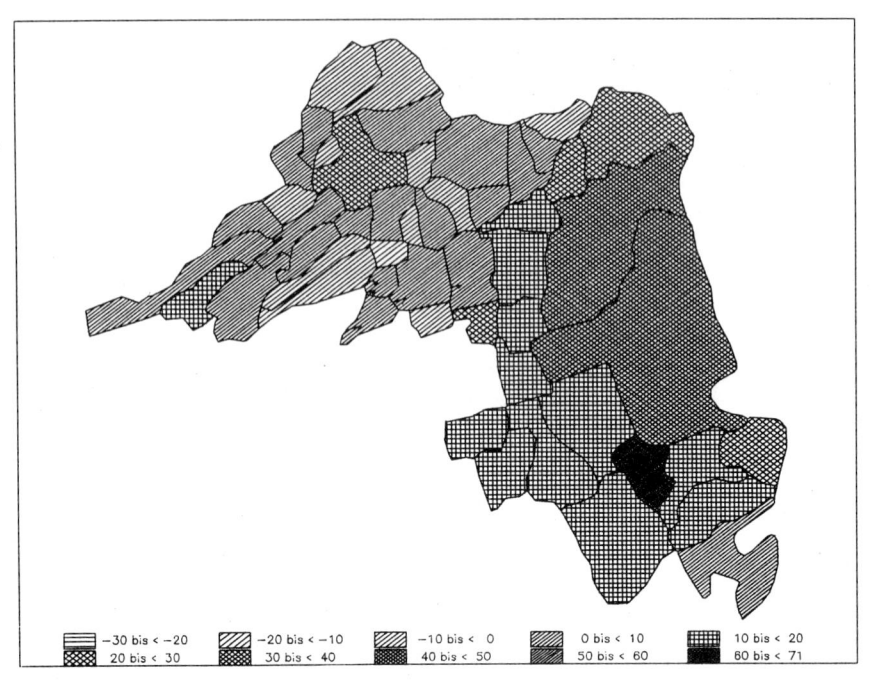

Abb. 3: Relative Bevölkerungsveränderung 1950-1961 (%)

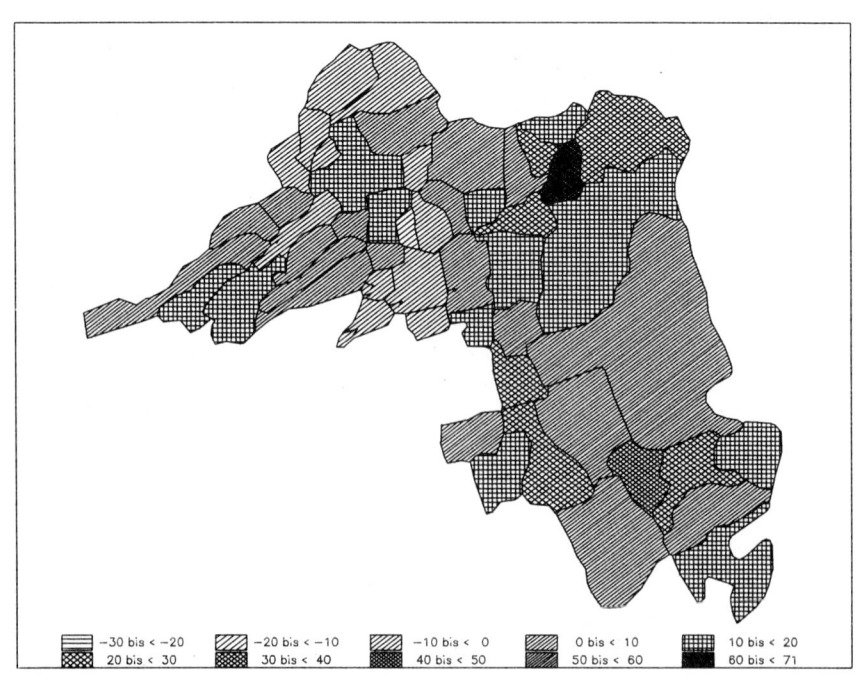

Abb. 4: Relative Bevölkerungsveränderung 1961-1970 (%)

den Markt der Gebäudeneuerstellungen. Der Prozentanteil der Siedlungsbaugesellschaften bei der Anlage ganzer suburbaner Wohnfraktionen sank beträchtlich. Diese Trendwende muß man auch als einen wichtigen Indikator für die sich verändernde soziale Zusammensetzung der Neubürger interpretieren, eine Tatsache, die in vielen Zielgemeinden gravierende Probleme zwischen Alteingesessenen und Neuzugezogenen schuf.

Als geographisch relevantes Ergebnis der Bevölkerungsdezentralisierung in den sechziger Jahren dokumentierte der westliche Rhein-Neckar-Raum eine grundlegend veränderte räumliche Organisation am Ende der Dekade, ein mosaikartiges Nebeneinander von historisch gewachsenen, landwirtschaftlich orientierten Siedlungskernen auf der einen Seite und sowohl räumlich als auch sozialräumlich segregierten Siedlungserweiterungen auf der anderen Seite.

Die siebziger Jahre kreierten eine neue Dimension im Muster der intra-regionalen Wanderungen und führten zu einzigartigen, sehr aufwendigen Siedlungserweiterungen, die einen fortgeschrittenen Typus der Suburbanisierung anzeigten. An verschiedenen Hangabschnitten des Pfälzer Waldes entstanden in direkter Nachbarschaft zu bereits vorhandenen dörflichen Siedlungen z.T. äußerst exklusive neue Wohnanlagen. Ein ähnlicher Vorgang hatte sich an den Hängen des Odenwaldes auf der Ostseite des Rheins bereits 15 Jahre vorher abgespielt. Zum ersten Mal hatte damit im Zuge der Suburbanisierung der nördlichen Vorderpfalz der Prozeß der Verstädterung des Umlandes die Zone des intensiven Weinbaus übersprungen und die sogenannten "bel etage"-Lagen der Hardt erklommen. Hangrandgemeinden, wie z.B. Battenberg, Bobenheim a.B. und Weisenheim a.B. dokumentierten in den Fortschreibungsstatistiken plötzlich relativ hohe Bevölkerungsgewinne (Abb. 6) (siehe auch HERDEN 1976; HECK, 1978). Die neuen Wohnfraktionen waren vorwiegend unter privater Bauherrenschaft entstanden, und sie zeigen eine große Vielfalt unterschiedlichster Gebäudeformen. In einer Haushaltsbefragung mit detailliertem Fragebogen konnten die sozialstatistischen Merkmale der Zugezogenen erhoben werden. Bezüglich der Altersstruktur stellte sich heraus, daß die Neubürger der Mittelschicht bzw. gehobenen Mittelschicht, vorwiegend der Altersgruppe der 35-65jährigen mit Kindern z.T. über 14 Jahren angehörten. In allen genauer untersuchten Fallbeispielen war die Anlage dieser neuen, von den alten Ortskernen abgesetzt gelegenen und sozialstrukturell andersartigen Wohnfraktionen Ausgangspunkt einer ganzen Palette von sozialen Spannungen, die innerhalb der Generation der Alteingesessenen und der Neuzugezogenen wahrscheinlich nicht gelöst werden können.

Ein zeitlicher Vergleich der Bevölkerungsdichtegradienten (bereinigte Dichten im Zeitvergleich 1950/1970) in einem Gemeindeband zwischen Rhein und Pfälzer Wald offenbart, daß diese neuen suburbanen Konstellationen schon aus den Zensusdaten des Jahres 1970 graphisch herausgearbeitet werden konnten. Damit ließen sich erstmalig zwei räumlich getrennt liegende Zonen mit stärkstem

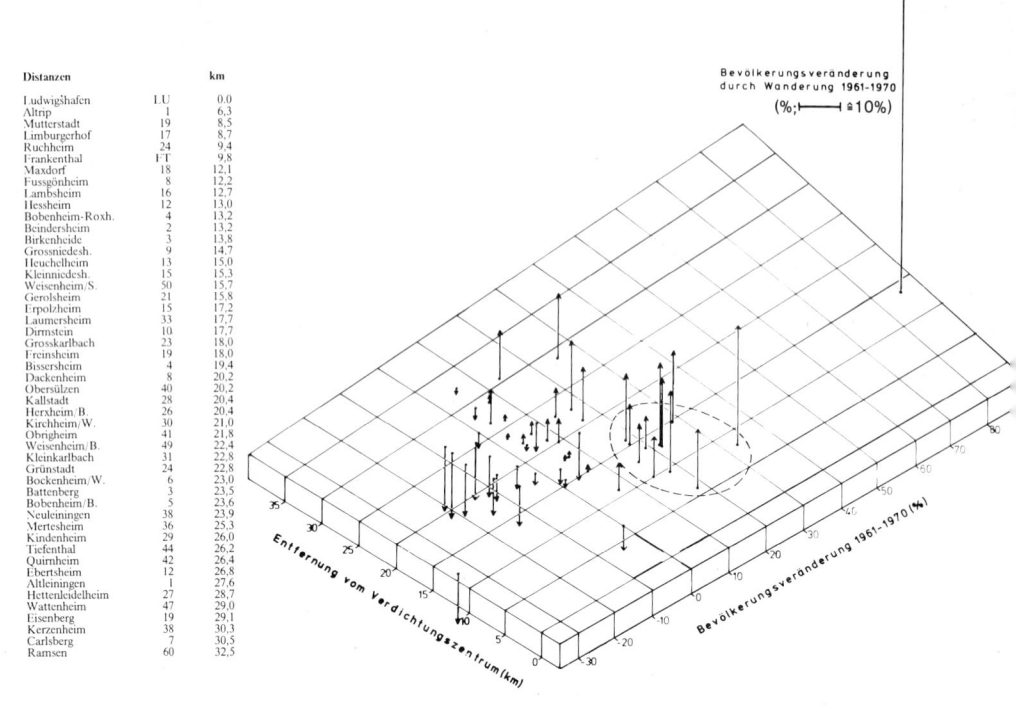

Distanzen		km
Ludwigshafen	LU	0,0
Altrip	1	6,3
Mutterstadt	19	8,5
Limburgerhof	17	8,7
Ruchheim	24	9,4
Frankenthal	FT	9,8
Maxdorf	18	12,1
Fussgönheim	8	12,2
Lambsheim	16	12,7
Hessheim	12	13,0
Bobenheim-Roxh.	4	13,2
Beindersheim	2	13,2
Birkenheide	3	13,8
Grossniedesh.	9	14,7
Heuchelheim	13	15,0
Kleinniedesh.	15	15,3
Weisenheim/S.	50	15,7
Gerolsheim	21	15,8
Erpolzheim	15	17,2
Laumersheim	33	17,7
Dirmstein	10	17,7
Grosskarlbach	23	18,0
Freinsheim	19	18,0
Bissersheim	4	19,4
Dackenheim	8	20,2
Obersülzen	40	20,2
Kallstadt	28	20,4
Herxheim/B.	26	20,4
Kirchheim/W.	30	21,0
Obrigheim	41	21,8
Weisenheim/B.	49	22,4
Kleinkarlbach	31	22,8
Grünstadt	24	22,8
Bockenheim/W.	6	23,0
Battenberg	3	23,5
Bobenheim/B.	5	23,6
Neuleiningen	38	23,9
Mertesheim	36	25,3
Kindenheim	29	26,0
Tiefenthal	44	26,2
Quirnheim	42	26,4
Ebertsheim	12	26,8
Altleiningen	1	27,6
Hettenleidelheim	27	28,7
Wattenheim	47	29,0
Eisenberg	19	29,1
Kerzenheim	38	30,3
Carlsberg	7	30,5
Ramsen	60	32,5

Abb. 5: Bevölkerungsveränderung durch Wanderung 1961-1970 (%)

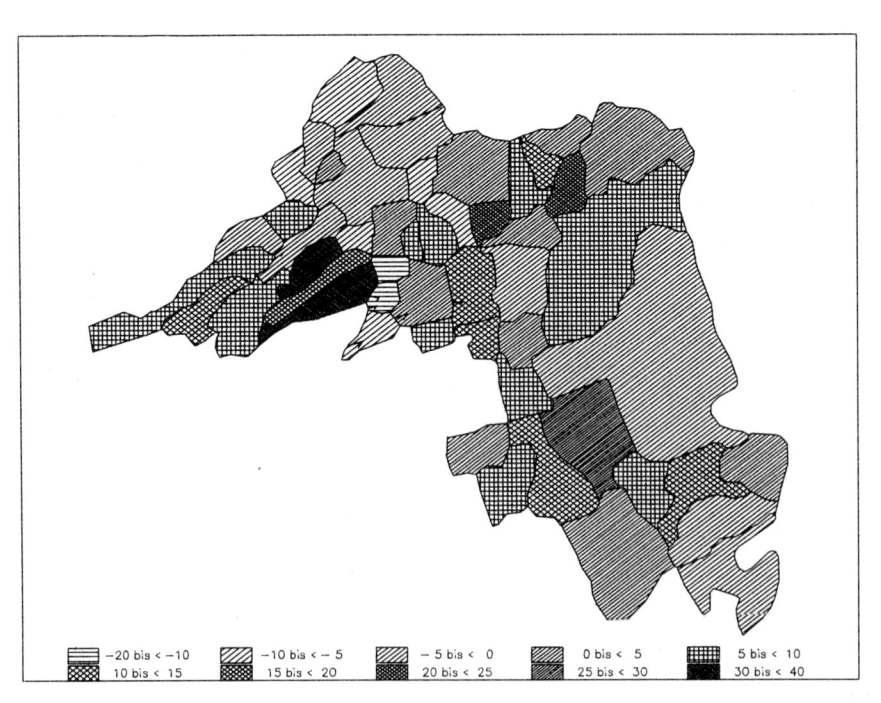

Abb. 6: Relative Bevölkerungsveränderung 1970-1975 (%)

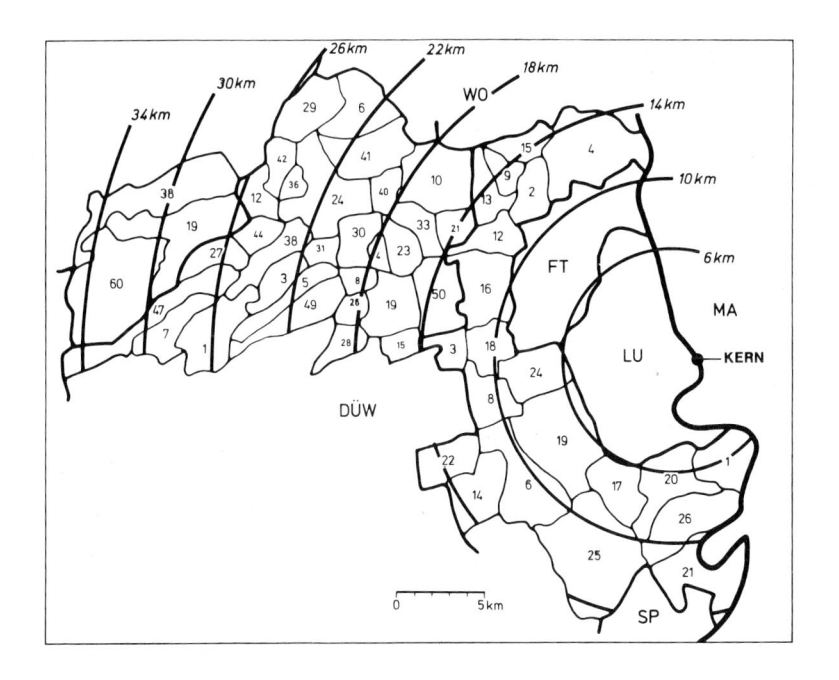

Abb. 7: Distanzzonen um den Verdichtungskern

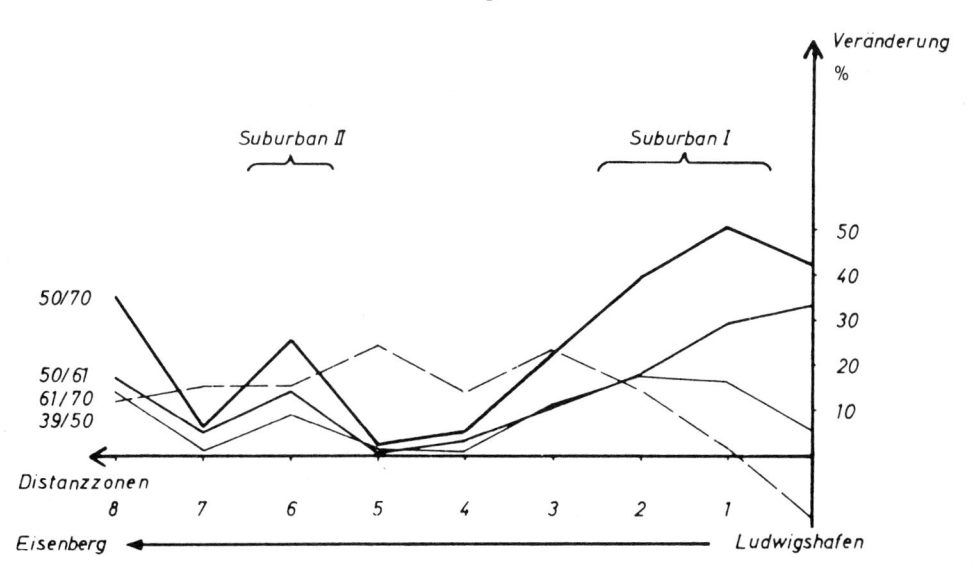

Abb. 8: Veränderung der Bevölkerungsdichte (bereinigte Fläche; 1939/50, 1950/61, 1961/70, 1950/70)

Bevölkerungsdichtezuwachs im westlichen Rhein-Neckar-Raum selektieren. Im folgenden sollen diese Zonen als "suburban I" (der Ring der Umlandgemeinden Ludwigshafens) und "suburban II" (die Gemeindekette an der oberen Weinstraße/Pfälzer Wald) bezeichnet werden (Abb. 7 und 8).

4. Wohnsitzverlagerungen und Neubauaktivitäten seit 1975

Vor der Analyse der jüngsten Veränderungen der Einwohner- und Wohngebäudestatistiken auf Gemeindeebene soll zunächst die generelle Entwicklung des metropolitanen Gebietes seit 1975 diskutiert werden. Tabelle 1 enthüllt, daß der Untersuchungsraum als Ganzes zwischen 1970 und 1986 2,5 % an Bevölkerung verloren hat (entsprechend 9300 Einwohner). In diesem Zusammenhang markiert das Jahr 1975 eine Art Tendenzwende im Dezentralisierungsprozeß von Bevölkerung und Wohnbausubstanz. Bis zum Jahre 1975 stieg die Bevölkerungszahl noch an, wenn auch nur geringfügig. Von 1975 bis 1986 jedoch war ein Verlust von 3 % zu verzeichnen. Und die statistischen Zahlen offenbaren, daß Ludwigshafen, also eine der beiden Kernstädte der Stadtregion, innerhalb der letztgenannten Zeitspanne beträchtliche Verluste hinnehmen mußte. Die Bevölkerungszahl sank von etwas mehr als 180 000 im Jahr 1979 auf 153 000 im Jahr 1986.

Tab. 1: Die Bevölkerungs- und Wohngebäudeentwicklung von 1970-1986

	70/75		75/80		80/86		70/86	
Bevölkerung	abs.	rel.(%)	abs.	rel.(%)	abs.	rel.(%)	abs.	rel.(%)
Ludwigshafen	-7889	-4,37	-12412	-7,19	-7307	-4,56	-27608	-15,29
Frankenthal	3020	7,38	-195	-0,44	315	0,72	3140	7,67
Landkreis Ludwigshafen	6248	6,81	1843	1,88	3123	3,13	11214	12,22
Landkreis Bad Dürkheim	1118	2,34	1457	2,97	1585	3,14	4160	8,69
Wohngebäude	abs.	rel.(%)	abs.	rel.(%)	abs.	rel.(%)	abs.	rel.(%)
Ludwigshafen	784	3,76	733	3,39	1091	4,88	2608	12,52
Frankenthal	866	15,42	433	6,68	421	6,10	1720	30,64
Landkreis Ludwigshafen	2373	11,78	2836	12,60	2473	9,76	7682	3815
Landkreis Bad Dürkheim	1281	11,48	1679	13,50	1357	9,61	4317	38,70

Interessant ist in diesem Zusammenhang die Tatsache, daß die Bevölkerungsgewinne der benachbarten Landkreise Ludwigshafen und Bad Dürkheim bei weitem nicht so hoch waren wie der Verlust des Oberzentrums Ludwigshafen. Das heißt, daß, bezogen auf den Untersuchungsraum der nördlichen Vorderpfalz, eine deutliche Abwanderung stattgefunden hat. Nichtsdestotrotz ist der Prozeß der Suburbanisierung von Bevölkerung und Wohnbausubstanz an der westlichen Peripherie weitergegangen, obgleich Geschwindigkeit und Ausmaß der räumlichen Transformation nicht an die Werte der 60er und 70er Jahre heranreichen. Ein wichtiger Grund für die veränderte Prozeßentwicklung liegt wohl darin, daß im genannten Betrachtungszeitraum keine größeren Baumaßnahmen mehr realisiert wurden, wie etwa Ludwigshafen-Pfingstweide oder Eisenberg-Steinborn in den end-sechziger, anfang-siebziger Jahren. Die fortgeschriebenen Gemeindestatistiken des Raumordnungsverbandes belegen allerdings eindeutig, daß sich der Dezentralisierungsprozeß auch in den siebziger und achtziger Jahren fortsetzte. Ein Vergleich der Bevölkerungsgewinne mit den Zunahmen an Wohngebäuden soll dies verdeutlichen. Im Landkreis Ludwigshafen stieg die Bevölkerung um 12 %, während die Wohngebäudezahl im selben Zeitraum um 38 % wuchs. Und der Landkreis Bad Dürkheim offenbart eine raumordnungspolitisch noch ungünstigere Entwicklung dieser beiden Variablen. Bei gleichfalls 38 %-igem Wachstum der Wohngebäudezahl betrug das 'mehr' an Bevölkerung lediglich 7 %! Während der westliche Teil des Untersuchungsraumes weiterhin denjenigen Typus von Suburbanisierung zeigt, den man als "Verhäuselung" oder als "Vereigenheimung" bezeichnen könnte, zeigen einige der zentrumsnahen Anrainergemeinden in ihren Neubaugebieten verdichtetes Wohnen in Form von zweigeschossiger Einfamilienhausbauweise auf kleinen Parzellen, eine adäquate Dimension flächensparender Wohnbaustrategien. So zeigt die Gemeinde Beindersheim bei Frankenthal mit einer Wohnflächenzahl von 1,32 die höchste Wohnverdichtung im Einfamilienhausbau aller suburbanen Gemeinden im westlichen Rhein-Neckar-Raum (HERDEN 1976; 1983).

Abgesehen von der Gemeinde Mutterstadt, wo mit dem sogenannten Blockfeldbaugebiet an der Südseite der Stadt zwischen 1971 und 1978 ca. 3000 Menschen ein neuer Wohnstandort geboten wurde und wo seit 1977/78 ein zweiter größerer Neubauabschnitt im Südosten realisiert wurde, ist lediglich der neue Ortsteil "Kalkerde" in Grünstadt an der Autobahn Mannheim-Kaiserslautern als nennenswerter, allochthoner suburbaner Mosaikstein der end-siebziger, anfang-achtziger Jahre zu interpretieren. Hier entstanden 240 neue Gebäudeeinheiten für ca. 1000 Einwohner. In denjenigen Gemeinden, in denen 1970 der statistische Grundstock an Bevölkerung und Wohngebäuden klein war, bewirken natürlich schon geringe Veränderungen in den absoluten Zahlen imposante relative Verschiebungen in graphischen Darstellungen. Wenn man den Zeitraum 1975 bis 1986 einmal durch die Zeitmarke 1980 in zwei etwa gleichlange Abschnitte unterteilt, dann erscheinen in etwa dieselben Gemeinden als Pole des relativen Wachstums des gesamten Untersuchungsgebietes; dies sind die Orte Beindersheim und Gerolsheim an der Bundesautobahn westlich von Frankenthal und die Plätze Battenberg, Bobenheim a.B. sowie Weisenheim a.B. am Hang des Pfälzer Waldes. Die letztgenannten Gemeinden weisen auch allesamt hohe Attraktivitätsziffern auf, also Indizes, die die Wanderungsgewinne einer Zeitspanne in Relation zur mittleren Wohnbevölkerung setzen (Abb. 9-14).

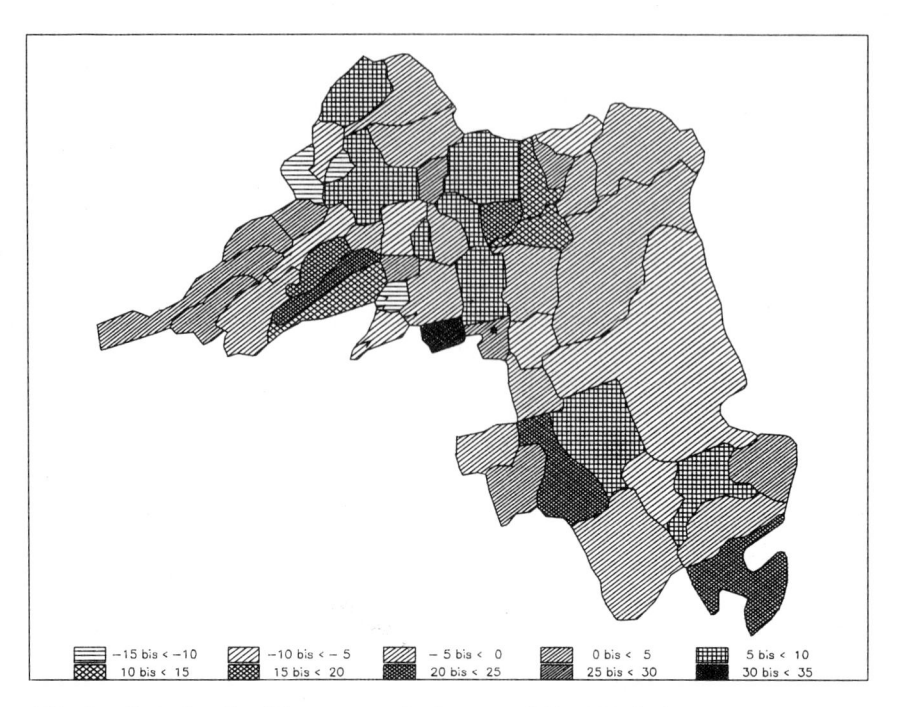

Abb. 9: Relative Bevölkerungsveränderung 1975-1980 (%)

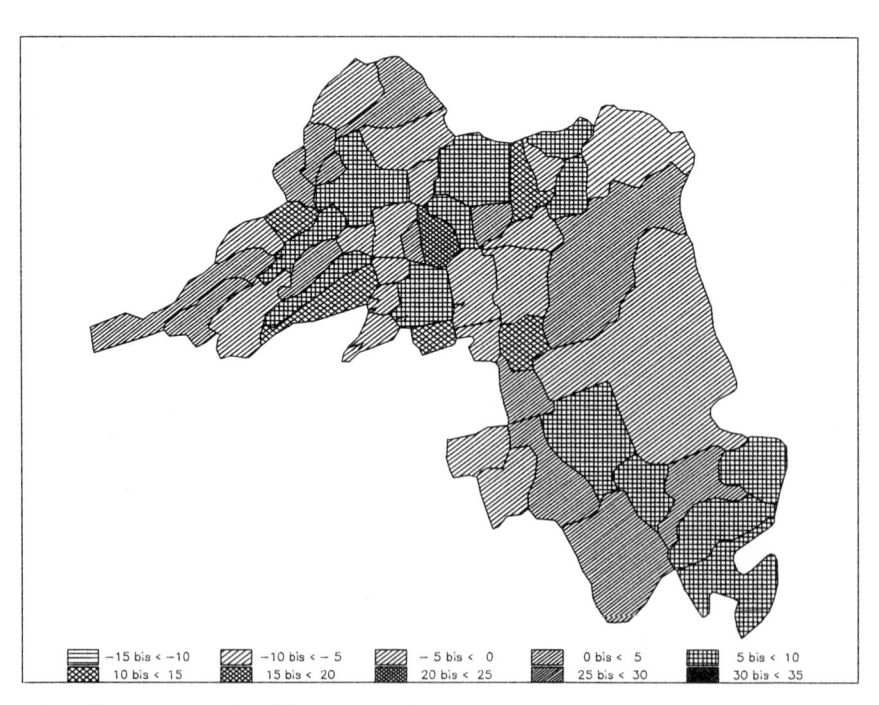

Abb. 10: Relative Bevölkerungsveränderung 1980-1986 (%)

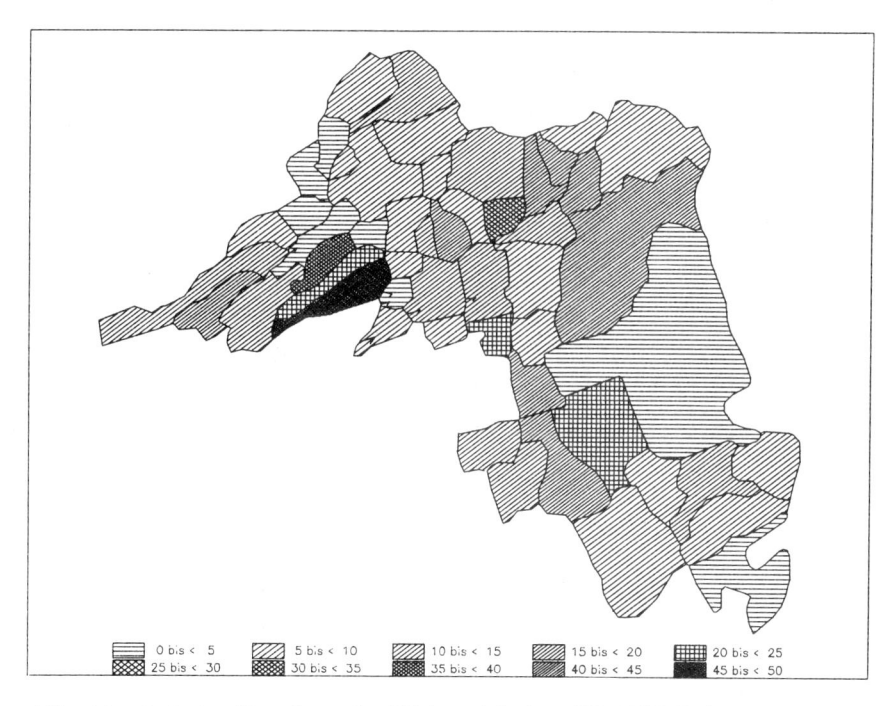

Abb. 11: Relative Zunahme der Wohngebäude 1970-1975 (%)

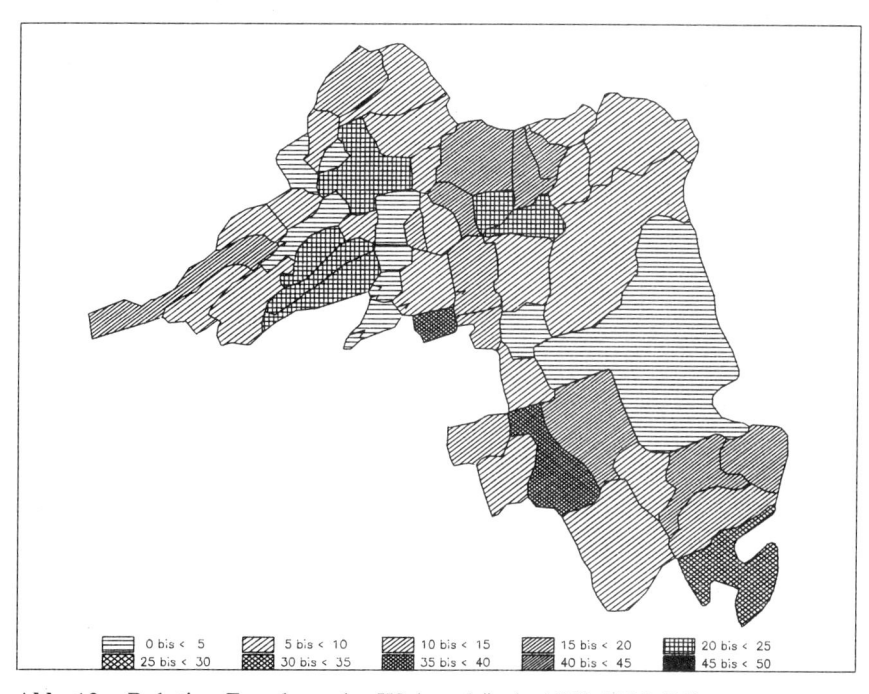

Abb. 12: Relative Zunahme der Wohngebäude 1975-1980 (%)

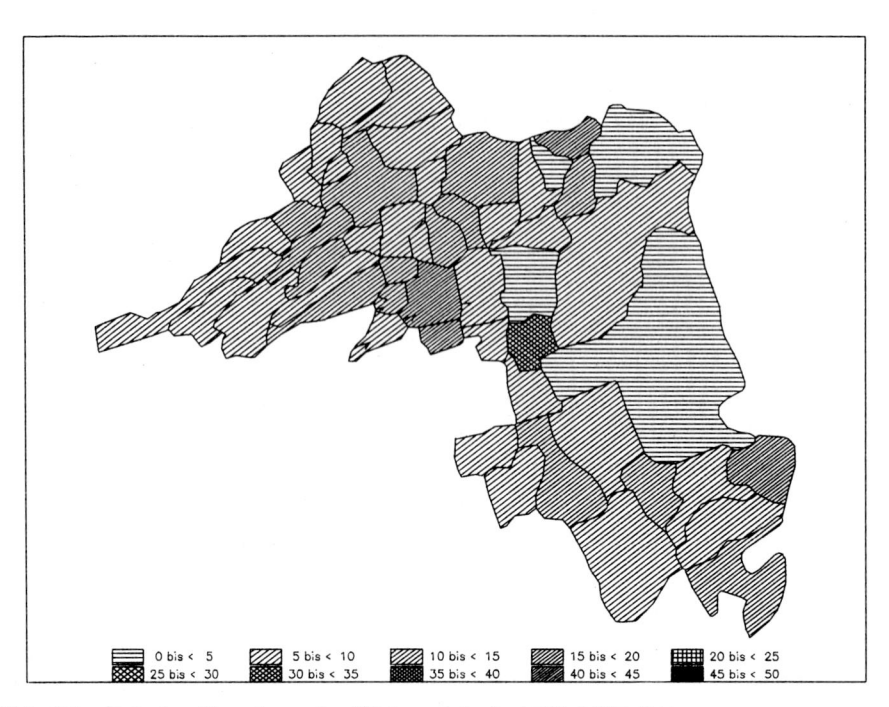

Abb. 13: Relative Zunahme der Wohngebäude 1980-1986 (%)

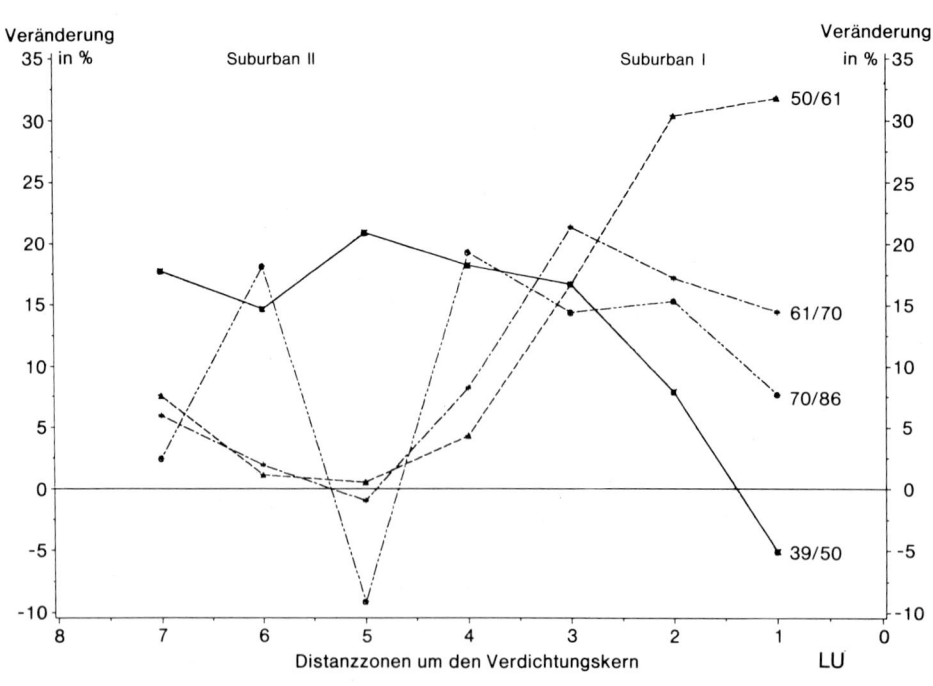

Abb. 14: Veränderung der Bevölkerungsdichte (bereinigte Fläche; 1939/50, 1950/61, 1961/70, 1970/86)

5. Generelle Schlußfolgerungen und regionale Perspektiven

Zusammenfassend muß festgestellt werden, daß sich der Dezentralisierungsprozeß von Bevölkerung und Wohnbausubstanz im westlichen Rhein-Neckar-Raum nach 1980 graduell abgeschwächt hat, ohne jedoch zu einem Stillstand gekommen zu sein. Die extrem gestiegenen Bodenpreise und Kosten für den Hausbau, die Baulandverknappung (KÖNIG 1979) und die seit 1979 greifenden Steuerungsmechanismen der Regionalplanung zeitigten einen kumulativen Bremseffekt. Es sind zwar in mehreren Gemeinden kleinere Baumaßnahmen zu beobachten, wie z.b. die Schelmenäcker in Neuleiningen oder das Gewann Eulengeschrei in Herxheim a.b.. Aber abgesehen von der Umwandlung eines Wochenendhausgebietes in Bobenheim a.B. (im Woogtal; seit 1984) waren die achtziger Jahre im Vergleich zu den beiden vorhergehenden Dekaden kein Jahrzehnt einer forcierten Landnutzungstransformation durch Wohnbebauung zwischen Rhein und Pfälzer Wald.

Literaturverzeichnis

BLOTEVOGEL, H.H. & M. HOMMEL (1980): Struktur und Entwicklung des Städtesystems. - Geographische Rundschau 32, S. 155-164
FRICKE, W. (1976): Bevölkerung und Raum eines Ballungsgebietes seit der Industrialisierung. Eine geographische Analyse des Modellgebietes Rhein-Neckar. - Akademie für Raumforschung und Landesplanung, Forschungs- und Sitzungsberichte, 111, S. 1-68
FRICKE, W. (1981): Bevölkerungs- und Siedlungsentwicklung im Rhein-Neckar-Raum unter besonderer Berücksichtigung der suburbanen Prozesse. - Mannheimer Geographische Arbeiten, 10, S. 207-228
FRICKE, W. (1986): Der Rhein-Neckar Raum. - Borcherdt, Ch. (Hrsg.): Geographische Landeskunde von Baden-Württemberg, S. 135-154. Stuttgart
GATZWEILER, H.-P. & K. SCHLIEBE (1982): Suburbanisierung von Bevölkerung und Arbeitsplätzen - Stillstand? - Informationen zur Raumentwicklung, S. 883-913
GLICKMANN, N.J. & H.J. WHITE (1979): Urban land use patterns: An international comparison. - Environment and planning. A. Vol. 11, S. 35-49
HECK, J. (1978): Eine sozialgeographische Analyse der Gemeinden Bobenheim a.B. und Weisenheim a.B. unter besonderer Berücksichtigung der Bevölkerungs- und Wohngebäudeentwicklung nach 1969. - Staatsexamensarbeit, Geographisches Institut, Universität Heidelberg
HELLBERG, H. (1975): Der suburbane Raum als Standort von privaten Dienstleistungseinrichtungen. - Akademie für Raumforschung und Landesplanung, Forschungs- und Sitzungsberichte, 102, S. 123-147

HERDEN, W. (1976): Quantitative und qualitative Analyse des Stadt-Umland-Feldes von Ludwigshafen im Spiegel der Bevölkerungs- und Wohngebäudeentwicklung seit 1950. - Dissertation, Universität Heidelberg
HERDEN, W. (1981): Suburbanisierungsprozesse in der nördlichen Vorderpfalz. - GEIGER, M. u.a. (Hrsg.): Pfälzische Landeskunde, 1, S. 273-294. Landau
HERDEN, W. (1983): Die rezente Bevölkerungs- und Bausubstanzentwicklung des westlichen Rhein-Neckar-Raumes. - Heidelberger Geographische Arbeiten, 60
HERDEN, W. & Ch. JENTSCH (1981): Westliches Hinterland von Ludwigshafen. - Mannheimer Geographische Arbeiten, 9, S. 19-35
JENTSCH, Ch. (1986): Sozialgeographische Phänomene in der Kulturlandschaft - ein Profil im westlichen Rhein-Neckar-Raum. - Colloquium Geographicum, 19, S. 89-97
KÖNIG, R. (1979): Die Wohnflächenbestände der Gemeinden der Vorderpfalz. - Heidelberger Geographische Arbeiten, 68
LINDENAU, K (1974): Limburgerhof, eine junge dynamische Großstadtrandgemeinde von Ludwigshafen. - Staatsexamensarbeit, Geographisches Institut, Universität Mannheim
MACKENSEN, R. (1970): Verstädterung. - Handwörterbuch für Raumforschung und Raumordnung, Sp. 3589-3600. Hannover
ROHR, H.G. v. (1975): Der Prozeß der Industriesuburbanisierung. - Akademie für Raumforschung und Landesplanung, Forschungs- und Sitzungsberichte, 102, S. 95-121
SCHAEFFER, M. (1977): Untersuchungen über Migrationsprozesse in der nördlichen Vorderpfalz im Zeitraum 1967-1971. - Staatsexamensarbeit, Geographisches Institut, Universität Heidelberg
VANCE, J.E. (1977): This scene of man. The Role and Structure of the City in the Geography of Western Civilization. - New York
VÖLKL, N. (1979): Wohnen im suburbanen Bereich - Analyse der Gemeinde Limburgerhof. - Staatsexamensarbeit, Geographisches Institut, Universität Heidelberg
ZIMMER, U. (1979): Konzepte für ein Modell der Wanderungsentscheidung, dargestellt und überprüft an Ergebnissen einer Mikrountersuchung über das Wanderungsverhalten der Zuwanderer nach Gerolsheim (Landkreis Bad Dürkheim) seit 1968. - Staatsexamensarbeit, Geographisches Institut, Universität Heidelberg

Zur Entwicklung des Siedlungsflächenbedarfs in der Bundesrepublik Deutschland

Peter Treuner (Stuttgart)

I. Die zunehmende Problematisierung der Flächennutzung

Vor etwa zehn Jahren wurde der "Flächenverbrauch" zum politischen Problem. Wiederholte Meldungen und Berichte in den Medien, die den jeden Tag verschwindenden oder gar "zubetonierten" Bauernhof apostrophierten, verdeutlichten zweierlei: Einerseits war ein öffentliches, für die Politiker nicht mehr zu übersehendes Bewußtsein der Tatsache entstanden, daß die kontinuierliche Ausdehnung der Siedlungsgebiete ihrer Art und ihrem Ausmaß nach in vielen Fällen nicht mehr verständlich war. Andererseits machte die sich schnell entfachende öffentliche Diskussion zugleich deutlich, daß aus dem Bereich der räumlichen Wissenschaften wenig hilfreiche Informationen zur Versachlichung der kontroversen Diskussion angeboten werden konnten. Eine wenig sachliche, vorurteilsbeladene und daher insgesamt wenig ertragreiche öffentliche Diskussion war die Folge.

Heute ist die Problematik des sogenannten Flächenverbrauchs wieder in den Hintergrund des öffentlichen Interesses getreten. Für die Raumplanung aber und in der Regel ganz besonders für die politischen Mandatsträger ist der noch bewußtere Umgang mit dem Flächenhaushalt weitgehend eine Selbstverständlichkeit geworden - jedenfalls könnte man dies aus dem der Problematik in Regierungserklärungen und -veröffentlichungen eingeräumten Platz schließen.

Es ist auch daran zu erinnern, daß der Ausgang der "Schlacht um Boxberg" von einer großen Mehrheit der nicht direkt betroffenen Öffentlichkeit fast kommentarlos hingenommen wurde, und wohl nicht in erster Linie aus Respekt vor den eigentums- bzw. enteignungsrechtlich begründeten Gerichtsentscheidungen, sondern vor allem als Ausdruck eines fast fatalistischen Akzeptierens eines generell höheren Ranges von Flächenschutzzielsetzungen, insbesondere soweit sie tatsächlich oder auch nur vordergründig mit besonderen ökologischen Funktionen begründet werden.

Erfahrung läßt uns immerhin hoffen und erwarten, daß die öffentliche Meinung in einiger Zeit zu einem gesunden Mittelmaß der Beurteilung zurückfinden kann. Dieses anzustrebende vernünftige, gesellschaftlich akzeptable Mittelmaß zu definieren verlangt eine kritische Aufnahme und Bewertung der bisherigen und der wahrscheinlichen zukünftigen Entwicklungen sowie eine neue Operationalisierung der flächennutzungsrelevanten gesellschaftlichen Zielsetzungen. Diesen drei

Grundaspekten möchte ich mich nunmehr unter raumordnerischen Gesichtspunkten zuwenden, um anschließend einige mir wesentlich erscheinende Schlußfolgerungen abzuleiten.

II. Siedlungsflächen in der Bundesrepublik Deutschland

Jeder Versuch einer längerfristigen und zugleich differenzierten Analyse der Siedlungsflächenentwicklung in der Bundesrepublik stößt auf Informationsprobleme, die praktisch nicht in befriedigender Weise zu überwinden sind; so wichtig die Auseinandersetzung mit den verschiedenen, nicht vollständig kompatiblen statistischen Konzepten - insbesondere beim Übergang von der Bodennutzungserhebung zur Flächenerhebung - für jede einzelne empirische Untersuchung ist, muß hier auf die Erörterung dieser Problematik verzichtet werden. Sie ist im übrigen auch weniger für die Einschätzung der Gesamtentwicklung als für vergleichende Untersuchungen einzelner (vor allem kleinerer) Räume von Bedeutung.

So mag es für den Zweck unserer heutigen Erörterung ausreichen, folgendes zu rekapitulieren:

In dem Zwanzigjahreszeitraum 1965-1985 hat in der Bundesrepublik die Siedlungsfläche insgesamt um rund 40% des Ausgangsstandes zugenommen und macht nunmehr rund 12,5 % der Gesamtfläche aus[1]. Bezieht man die Einwohnerzahl der Bundesrepublik auf diese Fläche, dann ergibt sich für 1985 eine Siedlungsdichte von 1960 Einwohnern je qkm; für Baden-Württemberg erreicht diese Dichte sogar den auch im internationalen Vergleich sehr hohen Wert von 2245. Die Entwicklung hat sich allerdings, wie beispielsweise die Auswertungen der verschiedenen Statistiken für Baden-Württemberg zeigen, im letzten Jahrzehnt deutlich verlangsamt. So betrug der Zuwachs der Siedlungsflächen im Mittel der Jahre 1965 bis 1974 rund 8100 ha, im Zeitraum von 1974 bis 1979 knapp 7600 ha und im Zeitraum 1979 bis 1985 nurmehr 4270 ha pro Jahr (vgl. Abb. 1).

Aus den Statistiken wird erkennbar, daß die Siedlungsflächenzunahme in den ländlichen Räumen im Durchschnitt absolut und relativ größer war als in den Verdichtungsräumen. Während für das ganze Land die Zunahme im Zeitraum 1981-85 4,6 % erreichte, lag sie in den ländlichen Räumen mit 4,9 % deutlich darüber; dementsprechend wiesen die Verdichtungsräume mit 4,1 % und auch die Randzonen der Verdichtungsräume mit 4,4 % Zunahme deutlich niedrigere Werte auf.

---

[1] Diese und die folgenden Zahlen wurden errechnet aus den Angaben in den Statistischen Jahrbüchern für die Bundesrepublik Deutschland.

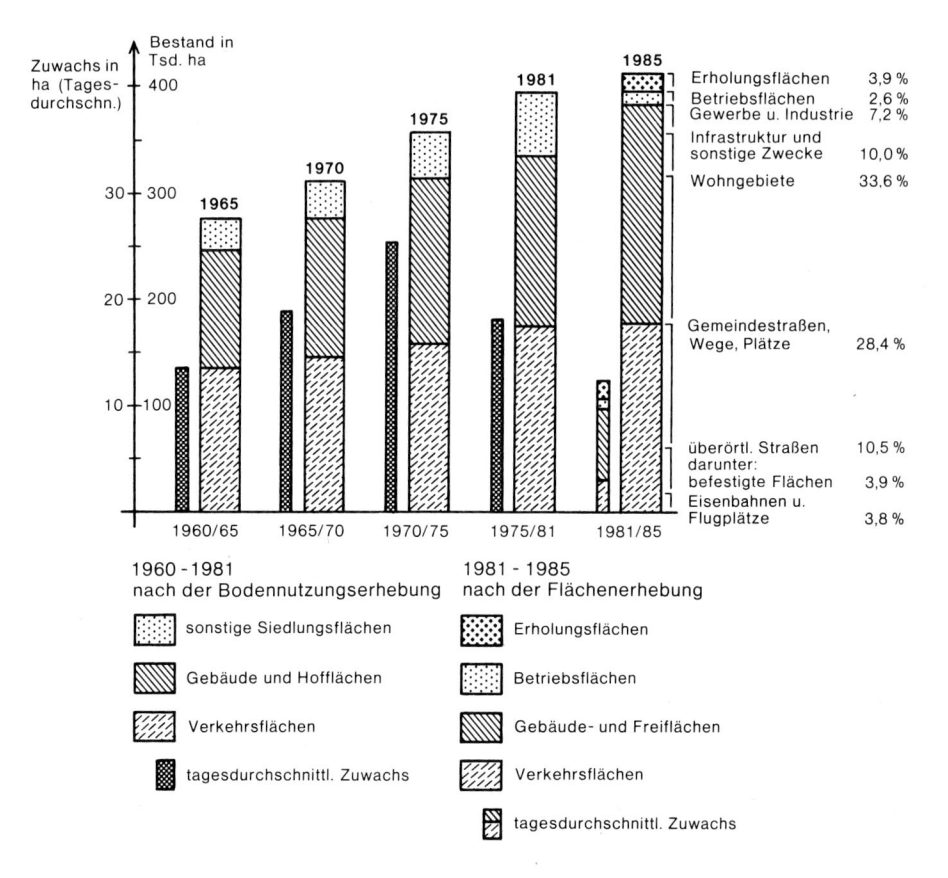

Abb. 1: Die Entwicklung der Flächennutzungsstruktur in Baden-Württemberg von 1960 bis 1985 (Quelle: Landesentwicklungsbericht 1986 für Baden-Württemberg; Hrsg.: Innenministerium Baden-Württemberg, Stuttgart 1986)

Für eine raumordnungspolitische Beurteilung bedeutsamer ist die strukturelle Zusammensetzung der gesamten und insbesondere der neuen Siedlungsflächen nach Nutzungsarten sowie deren räumliche Verteilung. Hierbei gilt für 1985 für die Bundesrepublik insgesamt, daß rund 48 % der Siedlungsfläche für Wohnen und für gewerbliche Zwecke genutzt werden und rund 39 % für Verkehrsbauten; das Verhältnis beträgt also 1 : 0,81; für Baden-Württemberg beträgt das Verhältnis 1 : 0,84. Bei regionaler Betrachtung werden erhebliche Unterschiede deutlich.

So beträgt beispielsweise in den Verdichtungsräumen Baden-Württembergs das Verhältnis nur 1 : 0,55, in den Zentren der baden-württembergischen

Verdichtungsräume sogar nur 1 : 0,51. Die Verwendung von Land für Verkehrszwecke erreicht hier also nur rund die Hälfte der für Wohn- und gewerbliche Zwecke genutzten Flächen. Demgegenüber beträgt das Verhältnis in den ländlichen Räumen Baden-Württembergs 1 : 1,11; dort wird insgesamt genau so viel Fläche für Verkehrszwecke in Anspruch genommen wie für alle übrigen Siedlungszwecke zusammen.

Bei der Betrachtung der neueren Entwicklung, also für den letzten Analysezeitraum 1981-1985, werden allerdings sofort Relativierungen deutlich: In den ländlichen Räumen, in denen die Verkehrsflächen einen so hohen Anteil an der gesamten Siedlungsfläche erreicht haben, ist nunmehr die Entwicklung der Gebäude- und Freiflächen überdurchschnittlich hoch; sie betrug rund 6 % - gegenüber einem baden-württembergischen Landesdurchschnitt von 5 % -, während die Zunahme der Verkehrsflächen mit 2 % gegenüber dem Landesdurchschnitt von 2,4 % unterdurchschnittlich war.

Diese Zahlen mögen hier zunächst genügen, um eine doppelte Ausage zu belegen: Daß nämlich - erstens - die oft dramatisierte Flächennutzungsentwicklung kein generelles Phänomen ist und daher nicht insgesamt gewertet werden darf, sondern sich nur bei einer sorgfältigen Analyse ihrer wesentlichen strukturellen Komponenten beurteilen läßt; und daß - zweitens - die Entwicklung, wenn man sie in ihrem zeitlichen Verlauf betrachtet, insgesamt keinen Anlaß zu Dramatisierungen bietet. Bei insgesamt abflachendem bzw. auslaufendem Wachstum der Inanspruchnahme von Freiflächen ist festzustellen, daß in jüngster Zeit - wiederum für Baden-Württemberg 1981-85 - der größte Einzelposten auf die Zunahme der Gebäude- und Freiflächen in ländlichen Räumen (einschließlich der sogenannten Verdichtungsbereiche) entfällt: Rund 5.200 der insgesamt 17.500 ha, oder rund 35 %, zu vergleichen mit einem Einwohneranteil von rund 41 %. Nun ist allerdings eine weitergehende Interpretation dieser Zahlen deswegen schwierig und problematisch, weil sie die auf Wohnen und auf gewerbliche Zwecke entfallenden Nutzungen zusammenfassen und damit nichts über die relative Bedeutung der beiden einzelnen, so unterschiedlichen Bereiche aussagen. Die für 1985 vorgenommene Strukturermittlung anhand der Flächenerhebung ergibt, daß in den ländlichen Räumen Baden-Württembergs insgesamt rund 84 % auf die Wohn-Nutzung entfielen. Für die Veränderungen mag man mangels aufbereiteter besserer Informationen eine etwa gleiche Struktur unterstellen. So ist bei aller methodisch gebotenen Vorsicht festzuhalten, daß das stärkste Einzelelement der Flächenentwicklung in der Verbesserung der Flächenausstattung des Wohnbereichs in den ländlichen Räumen liegt und damit einer grundsätzlich unbestrittenen gesellschaftspolitischen Zielsetzung entspricht.

Die These, daß bei überörtlicher Betrachtung des Phänomens Siedlungsflächenentwicklung kein besonderer Anlaß zu einer Dramatisierung besteht, wird im übrigen bestätigt, wenn man sich die Position der Bundesrepublik im internationalen

Vergleich verdeutlicht; die spezifische Siedlungsdichte, die die Intensität der Nutzung des nicht land- oder forstwirtschaftlich genutzten, also im Prinzip für Siedlungszwecke verfügbaren Bodens anzeigt, liegt nur in wenigen Ländern Europas höher als in der Bundesrepublik (vgl. hierzu die Tabelle 1). Die Bundesrepublik insgesamt liegt etwa auf dem gleichen Niveau wie die Niederlande, die im allgemeinen als ein intensiv genutztes Land gelten; abgesehen von Polen, das ebenfalls auf etwa gleichem Niveau liegt, und Großbritannien, wo diese Siedlungsdichte allerdings erheblich höher liegt (und vermutlich überwiegend durchschnittlich schlechte Wohnverhältnisse ausdrückt), ist die Dichteziffer in allen anderen europäischen Ländern wesentlich kleiner. Baden-Württemberg erreicht mit über 2000 E/qkm im internationalen Vergleich sogar eine Spitzenposition. Insgesamt kann also keine Rede von einem besonders sorglosen Umgang mit Flächen sein.

Tab. 1: Flächennutzung und Bevölkerungsdichte im internationalen Vergleich

Land	Anteil der land- und forstwirtsch. Flächen an der Landfläche (%)	Einwohner je qkm (Landfläche abzügl. d. land- u. forstwirtschaft. Fläche)
Bundesrepublik Deutschland	79	1.212
Baden-Württemberg	86	2.005
Belgien	67	911
Dänemark	79	592
Finnland	84	103
Frankreich	84	634
Griechenland	90	808
Großbritannien	85	1.648
Italien	80	994
Niederlande	67	1.323
Österreich	81	491
Polen	90	1.290
Schweiz	77	712
Japan	82	1.859
Bangladesh	88	6.525

Quellen: Berechnet nach dem Statistischen Jahrbuch für die Bundesrepublik Deutschland 1986, Tab. 3.2 sowie Int. Übersichten Tab. 3.1 und 5.1. - Betriebsverhältnisse und Betriebsergebnisse von Buchführungsbetrieben 1983/84, Hg. Ministerium für Ernährung, Umwelt und Forsten Baden-Württemberg, Stuttgart 1984, S. 15.

Nun bedeuten die Ergebnisse einer nüchternen Analyse der vergangenen

Entwicklung und der gegebenen Lage noch nicht, daß es kein raumordnerisches Problem der Siedlungsflächenentwicklung gäbe. Wir müssen uns daher zunächst auch mit den Perspektiven der zukünftigen Entwicklungen beschäftigen.

III. Perspektiven der Siedlungsflächenentwicklung

Die Abschätzung der zukünftigen Siedlungsflächenentwicklung und der in Abhängigkeit von ihr zu erwartenden Umwidmungen anderer Flächenarten ist in vielfacher Weise problematisch, und zwar nicht nur wegen der immer bestehen bleibenden Ungewißheit, die mit allen prognostischen Ansätzen verbunden ist, sondern - wie ich zu erläutern versuchen will - wegen der besonderen Unsicherheiten, die derzeit in Bezug auf besonders wichtige Eckwerte der Siedlungsflächenentwicklung bestehen.

Diese Unsicherheit bezieht sich auf die Komponenten der Nachfrage wie auf das Angebotspotential. Dabei gelten die nachfolgend angestellten Erörterungen für die Abschätzung der für die Regionalplanungen der nächsten Jahrzehnte wichtigen Trends, lassen also alle - sowieso immer nur kleinräumig auftretenden - kurzfristigen Besonderheiten außer Betracht.

Hinsichtlich der Nachfrage müssen wir zunächst feststellen, daß wir nicht einmal hinsichtlich der langfristig wichtigsten Determinante der Siedlungsflächenentwicklung, nämlich der Bevölkerungsentwicklung, von halbwegs verläßlichen Eckwerten ausgehen können. Die in den letzten Modellrechnungen des Statistischen Bundesamtes[1] dargestellte "wahrscheinlichste" Variante, nach der die Gesamtbevölkerung der Bundesrepublik in den nächsten 40 Jahren um etwa ein Drittel auf rund 40 Millionen Einwohner zurückgehen würde, wenn alle wesentlichen generativen Merkmale in etwa gleich bleiben und Außenwanderungen vernachlässigt werden, ist eben nur für den Fall von Bedeutung, daß tatsächlich keine wesentlichen Zuwanderungen aus dem Ausland auftreten werden. Ob dies eine realistische Annahme ist, kann aus heutiger Sicht kaum abgeschätzt werden, da in der Bundesrepublik die Frage "Einwanderungsland oder nicht?" bisher nicht ernsthaft diskutiert worden ist.

Eine vollständige Kompensation des deutschen Defizits durch Zuwanderungen aus dem Ausland erscheint allerdings relativ unwahrscheinlich, da es wohl für die meisten unserer deutschen Zeitgenossen kaum oder nicht vorstellbar ist, im Verlauf nur einer Generation einen so radikalen Wandel des Charakters unserer Gesellschaft hinzunehmen - ganz abgesehen von Zweifeln daran, ob die Gesellschaft der

---

[1] Vgl. Statistisches Jahrbuch für die Bundesrepublik Deutschland 1986, Tab. 3.1.6.

Bundesrepublik eine so grundlegende Veränderung überhaupt hinreichend konfliktfrei bewältigen könnte.

Erst wenn man sich auf eine oder zwei Varianten der planerisch relevanten zukünftigen Bevölkerungsentwicklung festlegen würde, könnte man auch vertretbare Hypothesen hinsichtlich anderer wesentlicher Determinanten der Nachfrage nach Siedlungsflächen formulieren und in die Diskussion einbringen.

So ist es unmittelbar einleuchtend, daß das Niveau und damit auch die Struktur der zukünftigen effektiven Gesamtnachfrage - die damit auch die Nachfrage nach Siedlungsflächen bestimmen wird - stark von dem Gesamtumfang und von der Alters- und Nationalitätenstruktur der Einwohner des Bundesgebietes abhängen; ebenso einsichtig ist, um nur noch ein weiteres Beispiel zu bringen, daß die Haushaltsgrößenstruktur ihrerseits von der Alters- und Nationalitätenstruktur der Bevölkerung abhängt. Die Kombination der hier genannten Merkmale umfaßt aber, wie wir schon vor Jahren anhand alternativer Untersuchungen für die Flächenentwicklung der Region Unterer Neckar gezeigt haben[1], die wichtigsten die räumliche Verteilung der Nachfrage bestimmenden Einflußgrößen; kleine Fehleinschätzungen der wesentlichen Parameter bringen völlig irrelevante Szenarios zustande, vor deren Verwendung nur gewarnt werden kann.

Mit noch mehr Unsicherheiten verbunden ist jeder Versuch einer Einschätzung der zukünftigen Angebotspotentiale. In zweierlei Hinsicht können wir - wenn wir ehrlich sind - derzeit nur spekulieren:

Erstens verfügen wir noch nicht über hinreichend abgesicherte, allgemein handhabbare und akzeptierte Verfahren, die operationale Aussagen über relative funktional-ökologische Boden-"Werte" begründen und damit zu längerfristig durchsetzbaren Prioritäten des Flächenschutzes führen könnten.

Und zweitens vermögen wir uns kaum vorzustellen, wie die institutionalisierte Flächennutzungskontrolle in Form der Landesplanung und der Bauleitplanung in den verschiedenen vorstellbaren Perspektiven der demographischen, agrarischen, allgemeinen wirtschaftlichen und - daraus abgeleitet - der siedlungspolitischen

---

[1] Vgl. Lothar Neumann u. Peter Treuner, Ein Modell zur Prognose des Siedlungsflächenbedarfs und Anwendung des Modells für die Region Unterer Neckar. (Akademie für Raumforschung und Landesplanung, Arbeitsmaterial Nr. 77) Hannover 1983. - Lothar Neumann, Prognose des Siedlungsflächenbedarfs. Ein Modell zur Prognose des Siedlungsflächenbedarfs - Annahmen und Ergebnisse der Modellanwendung für die Region Unterer Neckar. Textband und Anhangband (IREUS-Schriftenreihe Bd. 6A u. 6B), Stuttgart 1983.

Entwicklung reagieren wird. D. h., wir vermögen nichts Fundiertes darüber auszusagen und in unsere prognostischen Ansätze einzubauen, ob die gesellschaftlichen Planungen zukünftig eher restriktiver (wie es manche Ökologen fordern) oder eher offener, "deregulierter" sein werden, wie es manche Politiker gerne hätten.

Tatsächlich gibt es bisher noch nicht einmal ernsthafte Ansätze einer politischen Diskussion dieser Alternative, die für unsere Zukunft eine weitreichende Bedeutung hat. Restriktive Entscheidungen in vielen Einzelfällen stehen neben manchmal politisch zustande gekommenen Großzügigkeiten wie im Falle Rastatt - eine längerfristige Linie ist noch nicht zu erkennen.

IV. Bewertung der Flächennutzungen

Der Übergang von den frühindustriellen, vor allem wirtschaftlich begründeten, zu den heutigen, dominant ökologisch bestimmten Bewertungen einzelner Flächen vollzieht sich nicht plötzlich, sondern in einem allmählichen Prozeß.

Standen am Beginn der Flächenbewertung die beiden klaren Hauptkategorien "Eignung für die Bebauung" und "Eignung für landwirtschaftliche Produktion", so traten in den letzten Jahrzehnten andere Funktionen mitbestimmend dazu: Naturschutz, Landschaftsschutz, Erholungsfunktionen, Kaltlufterzeugung und Wasserschutzfunktionen, um nur die wichtigsten zu nennen. Für jeden dieser neuen Funktionsbereiche dauerte es Jahrzehnte, bis aus den ersten Grundideen standardisierte Verfahren wurden, die sich für die Handhabung im Planungsalltag eignen.

Für die nun in die Abwägungen einzubeziehenden umfassenden ökologischen Funktionen - die ich hier in einem systemtheoretischen, auf die funktionalen Zusammenhänge abstellenden Sinne verstanden wissen möchte - sind solche systematisch zu handhabenden Bewertungsverfahren erst in der Entwicklung.

So gibt es beispielsweise für die besonders planungsrelevante Frage nach den "richtigen" Territorien der einzelnen zu berücksichtigenden Spezies zwar umfangreiches Fachwissen der spezialisierten Zoologen, aber keine praktikablen Aggregationsverfahren und keine plausiblen Schlüssel für die Umrechnungen in die traditionellen Kategorien der Flächenreglementierung, die hierfür im übrigen teilweise wenig geeignet und in sich reformbedürftig sind. Die meisten - zumindest der neueren - Wohngebiete weisen einen größeren Artenreichtum auf als viele Maisfelder oder Kartoffeläcker, ohne daß wir derartige Erkenntnisse heute systematisch planerisch nutzen könnten. Die Herausarbeitung solcher planungsrelevanter "Naturräume neuer Art" stellt noch auf einige Zeit eine wichtige Herausforderung für die Geo- und Biowissenschaften dar.

Ebenso problematisch ist der Stand der Verfahren für übergeordnete Bewertungen.

Alles, was in den vergangenen drei Jahrzehnten - von der ersten Kosten-Nutzen-Analyse bis hin zu den neueren multiplen Entscheidungsverfahren - entwickelt und zur Anwendung gebracht wurde, war im wesentlichen auf die zeitlich begrenzt abzuschätzenden Nutzungen und Schädigungen ausgerichtet.

Mit der Einbeziehung der natürlichen Lebensgrundlagen, die sowohl in vielen Fällen von grundsätzlich zeitlich unbeschränkter Bedeutung sind als auch oft in einer endgültigen Form geschädigt oder gar vernichtet werden können, in die Bewertungsverfahren der Planungsprozesse wird die Unzulänglichkeit der etablierten Bewertungsmethodologie offenkundig. Die häufig zu hörende Argumentation, man könne eben Unvergleichbares nicht miteinander vergleichen und müsse daher - so die implizite Ableitung - den natürlichen, endgültig zerstörbaren Grundlagen einen absoluten Vorrang einräumen, ist meines Erachtens ebenso unlogisch wie unpolitisch. Denn einerseits haben wir die Organisation aller modernen Gesellschaften in den letzten zwei oder drei Jahrtausenden systematisch darauf ausgerichtet, auch für die "unvergleichbaren" Fälle akzeptable, "gerechte" Gleichbehandlungsmechanismen zu schaffen, und stellen diese im Prinzip auch gar nicht mehr in Frage. Die Besteuerungsregelungen beispielsweise fassen Fälle zu gleich zu behandelnden und tatsächlich gleich behandelten Gruppen zusammen, die bei näherer Betrachtung tatsächlich durch erhebliche (relevante) Unterschiede gekennzeichnet sein können. Ein Vier-Personen-Arbeiterhaushalt im ersten, steuerlich praktisch nicht relevanten Einfamilienhäuschen wird genauso behandelt wie ein gleich großer, vermögensloser Gastarbeiterhaushalt - eine aus meiner Sicht wirklich nur (allenfalls) politisch zu rechtfertigende Gleichbehandlungsentscheidung.

Andererseits wäre die Anerkennung einer Art absoluter Priorität für irgend eine Art von besonderer Flächennutzung bzw. die damit verbundene Aussetzung gesellschaftspolitischer Abwägungsvorgänge ebenfalls völlig unpolitisch und wegen der dadurch ausgeschalteten Korrigierbarkeit der Erstfestlegungen auch undemokratisch. - Auf die aus diesen Gesichtspunkten resultierenden Schwierigkeiten der Erarbeitung einer praktikablen grundgesetzlichen Sicherung der natürlichen Lebensgrundlagen kann hier aber nur hingewiesen werden - eine Erörterung würde den Rahmen des vorgegebenen Themas sprengen.

V. Schlußfolgerungen

Nach dem Rückblick und dem Versuch eines Ausblicks könnte man unsere gegenwärtige Situation und die daraus folgenden Herausforderungen und Aufgaben etwa wie folgt zusammenfassen:

Erstens ist die Aufarbeitung der verfügbaren Flächeninformationen in den letzten Jahren in einer Weise intensiviert worden, daß die eigentlichen methodischen Probleme erkennbar werden; die Wissenschaft ist auf dem richtigen Weg.

Zweitens kann man - cum grano salis - feststellen, daß die Probleme schwerwiegender Eingriffe in für die ökologischen Funktionen bedeutsamen Flächen in aller Regel kleinräumig auftreten und damit in erster Linie eine Herausforderung an die Methoden und Kriterien der Bauleitplanung und erst in zweiter Linie eine Aufgabe der Regionalplanung darstellen. Letztere ist aber insoweit tangiert, als die Aufgabe zu lösen ist, in weitestgehender Respektierung des Grundsatzes des Art. 28 (2) GG, den überörtlichen Erfordernissen der Sicherung größerer ökologisch bedeutsamer Flächen Geltung zu verschaffen.

Drittens ist festzustellen, daß die Raumordnung und die ihr verpflichtete und verbundene Raumforschung an einem längerfristig bedeutsamen Wendepunkt stehen, der zwar nicht allein auf die Flächenverbrauchshysterie zurückzuführen ist, von ihr aber maßgeblich mit vorbereitet und herbeigeführt wurde. Die Raumordnung und Landesplanung muß sich wieder mehr mit Bewertungs- und Planungsmethoden auseinandersetzen als dies in den letzten Jahren der Fall war.

Viertens wird heute deutlich, daß die Raumforschung in praktisch allen der Raumordnung zuzuordnenden Bereichen bis in das letzte Jahrzehnt hinein - und bei manchen Wissenschaftlern bis auf den heutigen Tag - überwiegend siedlungsstrukturbezogen, auf die stark ökonomisch-funktional verstandene Zweckmäßigkeit anthropogener Raumstrukturen ausgerichtet war, und zwar bis hin zu den Aussagen über einzelne Flächen. Nunmehr wandelt sich das Verständnis hin zu einem zunehmend flächenbezogenen, dominant ökologisch ausgerichteten.

Dieses ganz neue und noch nicht überall und in jeder Beziehung bewältigte Verständnis führt nicht nur zu neuen Überlegungen in der Raumplanung, sondern fordert und ermöglicht auch wissenschaftliche Kooperation in Bereichen, die sich bisher eher gegeneinander abgrenzten. Sicher wird dies auch in die wissenschaftliche Geographie hineinwirken, in der das Nebeneinander von Physischer und von Kultur-Geographie, das für Außenstehende der Nachbardisziplinen manches Mal wie ein Gegeneinander wirkte (und ab und zu immer noch wirkt), sich zu einem sich nicht nur theoretisch, sondern im Hinblick auf die funktionale Bedeutung der Forschungsergebnisse sich auch praktisch ergänzenden Miteinander wandeln könnte, wenn die neuen Herausforderungen von allen mit der gleichen wissenschaftlichen Offenheit angenommen werden. Nur wenn uns die Mobilisierung und Koordinierung der komplementären Wissensgebiete gelingt, werden die Wissenschaften zu der eingangs angesprochenen Definition des "vernünftigen mittleren Maßes", das die Praxis so dringend braucht, beitragen können.

Die Arbeiten von W. Fricke haben sich vielfach genau auf dieser Grenze zwischen der Physischen und der politisch relevanten Wirtschafts- bzw. Kulturgeographie bewegt. Sie haben die natürliche Komplementarität beider Bercihe in einer selbstverständlichen, ja "natürlichen" Weise gehandhabt, die für die in der Zukunft erforderlichen, noch stärker integrativen Arbeiten vorbildlich ist. Für alle diejenigen, die sich der Raumforschung in erster Linie wegen ihrer gesellschaftlichen Bedeutung verpflichtet fühlen, darf ich ihm für seine langjährige vorbildliche und befruchtende wissenschaftliche Arbeit herzlichen Dank sagen und noch viele Jahre erfolgreichen Forschens und Lehrens wünschen.

Die Reaktivierung von Industriebrachen als Beitrag zur Reduzierung des Freiflächenverbrauchs
- das Beispiel Industriepark Mosbach -

Klaus-Dieter Roos (Mosbach)

Einleitung

Trotz in den letzten Jahren erheblich verringerter Ansprüche für die Umwidmung von Freiflächen zu industriellen oder gewerblichen Zwecken - sie betrugen in den 70er Jahren durchschnittlich 113 ha pro Tag und dürften derzeit wesentlich niedriger liegen - gilt es, speziell in der Bundesrepublik bei relativ geringen Flächenressourcen, die Inanspruchnahme bisher unbeanspruchter Flächen noch weiter zu reduzieren. Die Abkehr vom oftmals gedankenlosen Umgang mit der Landschaft und eine Rückkehr zum Normalmaß bei der Umwidmung von Freiflächen dürfen nicht von der Problematik ablenken, daß in Zukunft noch sparsamer mit Grund und Boden umgegangen werden muß. Dieser Anforderung müssen sich auch die Kommunen unterziehen, bei denen man lange Zeit geneigt war, durch Ausweisung neuer Gewerbe- und Industrieflächen die Wirtschaft ankurbeln zu wollen. Die Ausweisung neuer Flächen und der preisgünstige Verkauf können nicht länger Kernstück kommunaler Wirtschaftsförderungspolitik sein. Diese Forderung gilt um so mehr, da es nach einer Hochrechnung des Bundesministeriums für Raumordnung, Bauwesen und Städtebau derzeit in der Bundesrepublik ca. 10 000 ha ungenutzte Gewerbeflächen gibt. Dies entspricht insgesamt 2 % aller ausgewiesenen Bauflächen in der Bundesrepublik Deutschland. Die Reaktivierung solcher Gewerbebrachen vor der Ausweisung und Inanspruchnahme neuer, bisher unbeanspruchter Flächen kann ein sinnvoller Beitrag zur Reduzierung des Freiflächenverbrauchs sein. Am konkreten Beispiel der "Happel-Industriebrache" in Mosbach soll die Problematik im folgenden diskutiert werden.

Die Große Kreisstadt Mosbach liegt am südlichen Rand des Odenwaldes, am Berührungspunkt der drei naturräumlichen Einheiten Odenwald, Neckartal und Bauland. Als Mittelzentrum der Region Unterer Neckar ist die Stadt Verwaltungssitz des Neckar-Odenwald-Kreises, in deren Einzugsgebiet rd. 75 000 Menschen leben.

Die Gesamtfläche der Mosbacher Gemarkung beträgt 6.223 ha. Ein Luftbild, Blickrichtung vom Neckar nach Osten zur Kernstadt hin, zeigt die topographisch schwierige Situation, bedingt durch die Kessellage, in der sich die Kernstadt befindet (Abb. 1). Sie liegt im Tal der Elz zwischen Henschel- und Hardberg.

Die besiedelten Anteile der Gemarkung betragen 570 ha, das sind rd. 9 % der

Abb. 1: Luftbild der Stadt Mosbach, Blickrichtung Osten (freigegeben vom Regierungspräsidium Stuttgart, Nr. 120-20316)

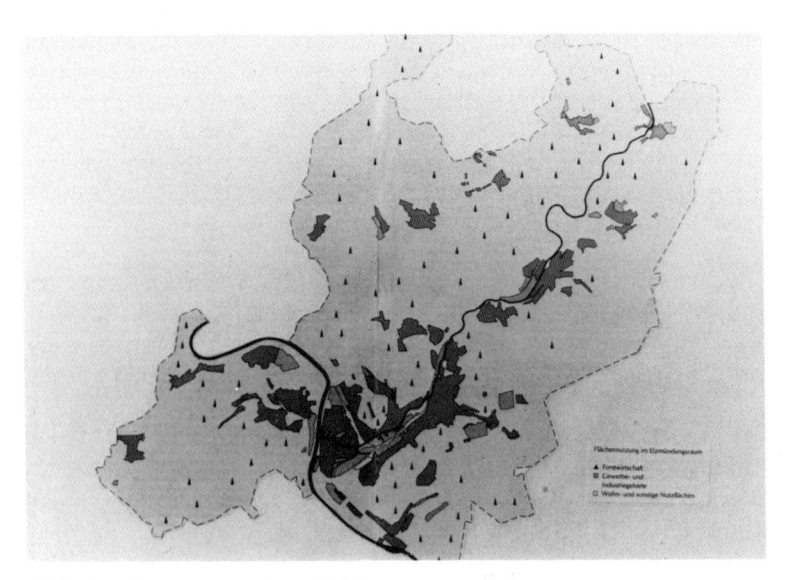

Abb. 2: Auszug aus dem Flächennutzungsplan

gesamten Markung. Nach Flächennutzungsplan sind davon insgesamt 75 ha als Gewerbe- und Industrieflächen ausgewiesen. Diese liegen nur zu kleinen Teilen im direkten Siedlungskern. Der Auszug aus dem Flächennutzungsplan des gesamten Elzmündungsraumes macht ihre Lage deutlich (Abb. 2). Mit Flächen zwischen 5 und 15 ha sind auf Mosbacher Gemarkung lediglich die fünf Gewerbegebiete "Steinbrunnenwiesen", "Oberer Herrenweg", "Alte Neckarelzer Straße", "Flugplatz-Lohrbach" und "Waldsteige-West" von Bedeutung. Das im Jahre 1987 neu erschlossene Gebiet "Oberer Herrenweg" im Stadtteil Diedesheim zum Beispiel umfaßt insgesamt 8 ha, wobei nach Wegfall der notwendigen Erschließungsflächen rd. 5 ha Netto-Gewerbeland übrig bleiben.

In zentraler Lage in etwa 1.000 m Luftlinienentfernung vom Stadtkern Mosbach und am Rande der Gemarkungsfläche der ehemals selbständigen Gemeinde Neckarelz findet sich ein 3,5 ha großes, nicht mehr genutztes Industrieareal. 22.000 qm überdachte Nutzfläche sowie rd. 1 ha Freiland werden seit Januar 1983 nicht mehr oder nur noch extensiv als Abstellflächen benutzt. Die Abbildungen 3 und 4 zeigen das gesamte Areal aus verschiedenen Perspektiven, einmal aus Westen, zum zweiten von Süden her.

Zur Vorgeschichte

Das gesamte Areal gehörte ursprünglich der Firma LUWA, einem Schweizer Konzern mit deutscher Tochter in Frankfurt. Es war ehemals für 600 Arbeitskräfte konzipiert. Nachdem das Zweigwerk in Mosbach Ende der 70er Jahre in erhebliche wirtschaftliche Schwierigkeiten kam, wurde die Belegschaft auf zuletzt 250 Mitarbeiter reduziert. Als sich auch danach keine Lösung abzeichnete, verkaufte der Konzern das Zweigwerk an die Firma Happel in Herne, mit der schon vorher Geschäftsverbindungen bestanden. Happel seinerseits plante, im Mosbacher Werk Wärmepumpen in Großserien zu produzieren. Dieser Plan ging auf den Ölpreisschock Ende der 70er Jahre zurück. Nachdem sich die Ölpreise wieder normalisierten, zeichnete sich bereits nach zwei Jahren ab, daß dieser Plan ein völliger Fehlschlag war. Die beabsichtigte Produktion von 1000 Wärmepumpen pro Tag für private Verbraucher konnte zu keinem Zeitpunkt realisiert werden. Bereits Mitte des Jahres 1982 war klar, daß das Werk in Mosbach zum 31.12.1982 geschlossen würde. Wieder einmal zeigte sich die Problematik der verlängerten Werkbänke im strukturschwachen Raum, die man zuvor schon am Beispiel anderer Firmen, etwa Hudson, einem Hersteller von Strumpfmoden, oder Hengstenberg, einem Konservenproduzenten, beobachten mußte.

Intensive Bemühungen der Geschäftsführung von Happel zur industriellen Wiederverwertung des leerstehenden Areals blieben ohne Erfolg. Nachdem sich keine Vermarktungschance abzeichnete, wurde der Plan geboren, einen Verbrauchermarkt mit ca. 15.000 qm Verkaufsfläche einzurichten. Hierzu versagte die Stadt

Abb. 3: Luftbild der Stadt Mosbach mit der Happel-Industriebrache, Blickrichtung Osten (freigegeben vom Regierungspräsidium Karlsruhe, Nr. 0/23874)

Abb. 4: Luftbild der Stadt Mosbach mit Happel-Industriebrache, Blickrichtung Norden (freigegeben vom Regierungspräsidium Karlsruhe, Nr. 0/23865)

Mosbach 1985 allerdings ihr Einvernehmen und änderte in den folgenden Monaten grundlegend ihre Wirtschaftsförderungspolitik. Statt der Umwandlung in einen Verbrauchermarkt zuzustimmen, übernahm die Stadt Mosbach selbst die Vermarktung dieses Areals und erwarb im Juni 1986 nach wegen einer zwischenzeitlich entdeckten CKW-Verunreinigung langwierigen Verhandlungen das gesamte Anwesen zu einem Preis von 6,5 Mio. DM.

Zum Begriff "Industriebrache"

Dieser Begriff hat sich in den letzten Jahren für nicht mehr in Funktion befindliche Industrieanlagen eingebürgert und ist vom geographischen Standpunkt her schlecht gewählt. Der Begriff "Brache" aus der Landwirtschaft wird für Flurstücke verwendet, die für eine Vegetationsperiode zwar umgebrochen, allerdings nicht mehr bestellt werden. Durch dieses Liegenlassen wird eine Verbesserung der Bodenfruchtbarkeit erzielt. Liegenlassen und "nicht mehr Benutzen" industrieller Anlagen aber führt sicherlich zu keiner Verbesserung oder Attraktivitätssteigerung der vorhandenen Bausubstanz. Das Gegenteil ist der Fall. Die aufgegebenen Areale erfüllen vielmehr den Tatbestand des industriellen Ödlandes. Dennoch gehört der Begriff der "Industriebrache" zwischenzeitlich zum festen Repertoire des Wirtschaftslebens.

Drei Definitionen sind am geläufigsten und sollen hier kurz Erwähnung finden[1]:

Definition nach WEGENER (1985): "Ungenutzte funktionslose Fläche, von der sich Investoren, Eigentümer oder Nutzer vorübergehend oder endgültig zurückgezogen haben". Diese Definition beschreibt somit den tatsächlichen Zustand des ehemaligen Industrieanwesens.

Definition nach ESTERMANN (1983): "Flächen, die aufgrund ihrer Lage, ihrer natürlichen Bedingungen oder wegen ihrer ehemaligen Nutzungen nicht mehr wirtschaftlich genutzt werden können". Hier handelt es sich um eine rein ökonomische Definition.

Definition nach Department of Environment London (1984): "Land, das durch industrielle oder andere bauliche Inanspruchnahme so geschädigt ist, daß es ohne Behandlungen nicht wieder vorteilhaft genutzt werden kann". Man geht hierbei also besonders auf den Handlungsbedarf öffentlicher und/oder privater Akteure ein.

---

[1] Zitiert nach DIETRICH (1985) S. 40, 43

Wie können Wiederbenutzungskonzepte aussehen ?

Geht man von der Notwendigkeit aus, daß Industriebrachen, im Falle der Stadt Mosbach nimmt beispielsweise allein die Industriebrache "Happel" einen Anteil von 5 % aller ausgewiesenen Gewerbeflächen ein, vor der Inanspruchnahme weiterer Flächen einer Wiederbenutzung zugeführt werden müssen, so stehen hierfür im wesentlichen vier Möglichkeiten zur Verfügung:

1. Umnutzung des Areals zu einer privaten oder öffentlichen Infrastruktureinrichtung. Solche Wiederverwertungskonzepte sind relativ häufig und politisch ohne größere Widerstände durchsetzbar. Beispiele sind etwa die Wiedernutzung leerstehender Fabrikhallen als städtischer Bauhof, Feuerwehrgerätehaus oder ähnliche Einrichtungen. Zwischenzeitlich gibt es auch eine neue Variante, nämlich die Verwertung durch Materialdepot- und Betriebsgesellschaften, die Fabrikhallen zur Unterbringung von militärischem Material und zur Wartung und Instandhaltung von Fahrzeugen benutzen. Eine Variante im übrigen, die in weiten Kreisen der Bevölkerung keinen hohen Beliebtheitsgrad erreicht.

2. In manchen Fällen erscheint die Umnutzung von Gewerbebrachen als Grün- und Erholungsflächen sinnvoll. Beispiele hierfür gibt es vor allen Dingen in den Kohlerevieren oder in Kiesabbaugebieten.

3. Die häufigste und oftmals rentabelste Wiedernutzung von Industriebrachen besteht in der Umwandlung in Wohnbauflächen. Sind die Anforderungen an den Standort bezüglich Wohnqualität erfüllt, so ist es oftmals rentabler, die alte Bausubstanz abzuräumen und Neubauten, sei es in Einzelbauweise oder besser verdichteter Wohnbauweise, zu errichten.

4. Die schwierigste und mit den meisten Problemen behaftete ist die industrielle Wiedernutzung einer Gewerbebrache. Oftmals ist hier zunächst notwendig, die leerstehenden Gebäude und ungenutzten Grundstücke zu klassifizieren. Die Verwendbarkeit, d.h. der derzeitige Zustand, der Gebäudezuschnitt, die Ausstattung und vieles mehr, sind bei der Planung einer Wiederverwertung genauso wichtig wie die Dauer des Leerstandes. Weiter ist es von Bedeutung, ob die planungsrechtlichen Voraussetzungen, d.h. das Vorhandensein eines rechtskräftigen Bebauungsplanes, gegeben sind.

Allgemeine Beispiele

Das Bewußtsein für die Problematik der Industriebrachen wurde vor allem durch Beispiele in Großbritannien geweckt, zumindest wurde in diesem Teil Europas eine erste systematische Aufnahme der Industriebrachen geleistet. Zwischenzeitlich erfolgte in allen Industrienationen eine Sensibilisierung für dieses Thema, sei es in den Revieren an Rhein und Ruhr, in Werft- und Hafenanlagen in England, Frankreich oder Deutschland. Abbildung 5 zeigt die Wiedernutzung des ehemaligen BAMA-Werkes als Bauhof und Technisches Rathaus der Stadt Mosbach, Abbildung 6 ein Materialdepot für die amerikanische Armee in einem ehemaligen Gabelstaplerwerk bei Limburg. Weitere Beispiele sind die im Stadtgebiet von Kassel gelegene Industriebrache des Enkawerkes, mit insgesamt über 40 ha (Abb. 7) oder das ehemalige Dualwerk in St. Georgen (Abb. 8). Täglich erscheinen neue Literaturtitel, die sich mit diesem Thema beschäftigen, sei es an Einzelbeispielen oder mit der Ausarbeitung von Verwertungskonzepten für Industriebrachen.

Das konkrete Beispiel "Industriepark Mosbach"

Von Anfang an bestand der Plan zur Wiederverwertung der Happel-Industriebrache in einer industriellen Wiedernutzung dieses Gebietes, d.h. nach der vierten genannten Lösungsmöglichkeit. Ursprünglich wollte die Stadt die vorhandenen Industriegebäude modernisieren und wieder an produzierende Betriebe verkaufen. Verhandlungen mit Ansiedlungsinteressenten zeigten aber bald, daß das wesentliche Ziel der städtischen Wirtschaftsförderung, nämlich die Schaffung neuer Arbeitsplätze, auf diesem Weg hätte nicht erreicht werden können. Bei einer solch "preiswerten Lösung" entstünden in erster Linie Lager und ähnliche Einrichtungen, mit wenigen, meist nur unsicheren Arbeitsplätzen. Das Konzept wurde daraufhin geändert. Eine Teilfläche von ca. 1 ha, bestanden mit rd. 6.000 qm Hallenfläche, wurde direkt an einen privaten Interessenten verkauft, der zwischenzeitlich mit 60 Beschäftigten produziert. Für die ca. 1,2 ha große Freifläche erstellte man ein Aufteilungskonzept, das die Schaffung von vier zwischen 2.000 und 2.500 qm großen Gewerbegrundstücken vorsieht. Der Neubau einer Erschließungsstraße ist Bestandteil des Gesamtplanes. Abbildung 9 zeigt das Planungskonzept auf dem entsprechenden Bebauungsplanausschnitt.

7.500 qm sind mit hochwertigen, bis zu 10 m hohen Hallen bebaut. Diese sind fast vollständig unterkellert und haben teilweise in den Obergeschossen Einbauten an den Stirnseiten. Die Vermarktungsbemühungen scheiterten aber an der Größe und am Zuschnitt dieser Hallen. Obwohl sie bautechnisch den höchsten Wert der gesamten Industriebrache darstellten, war ihr Marktwert praktisch Null, weil solche Hallen nur von Großbetrieben benötigt werden. Diese wiederum sind nur selten am Standort Mosbach interessiert (Abb. 10). Man entwickelte dazu schrittweise Aufteilungs- und Baupläne. Gespräche mit der Gewerbeaufsicht und dem Brandsachverständigen klärten die Rahmenbedingungen dieser Aufteilung ab. Dann wurden mit allen interessierten Firmen mögliche Aufteilungen besprochen und zum Schluß durch einen Architekten ein Modernisierungsplan erstellt. Für das Erd- und Kellergeschoß sowie für teilweise vorhandene Obergeschosse wurden Grundrisse entwickelt, welche die Vermietung an kleinere Betriebe ermöglichen. In eine dieser 5 Hallen - jede hat ein Ausmaß von 15 × 100 m - wird eine

Abb. 5: Ehemalige Produktionsstätte der Bama-Werke, heute Bauhof und Technisches Rathaus der Stadt Mosbach

Abb. 6: Ehemalige Produktionsstätte der Clark-GmbH, heute Depot der Material-Depot-Betriebsgesellschaft in Villmar

Abb. 7: Ehemalige Produktionsstätte der Enka-Werke in Kassel

Abb. 8: Ehemalige Produktionsstätte der Dual-Werke, St. Georgen, heute Gründer- und Technologiezentrum

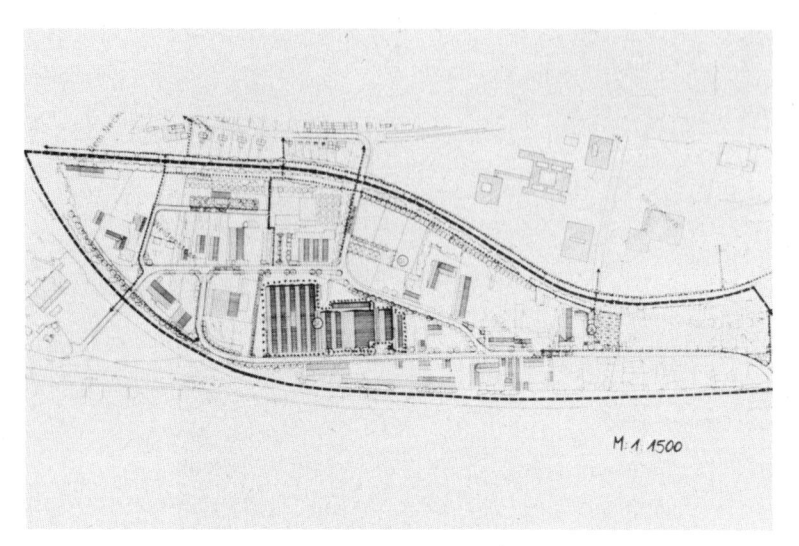

Abb. 9: Bebauungsplan-Entwurf "Alte Neckarelzer Straße"

Abb. 10: Ehemalige Produktionsstätte der Firma Happel in Mosbach

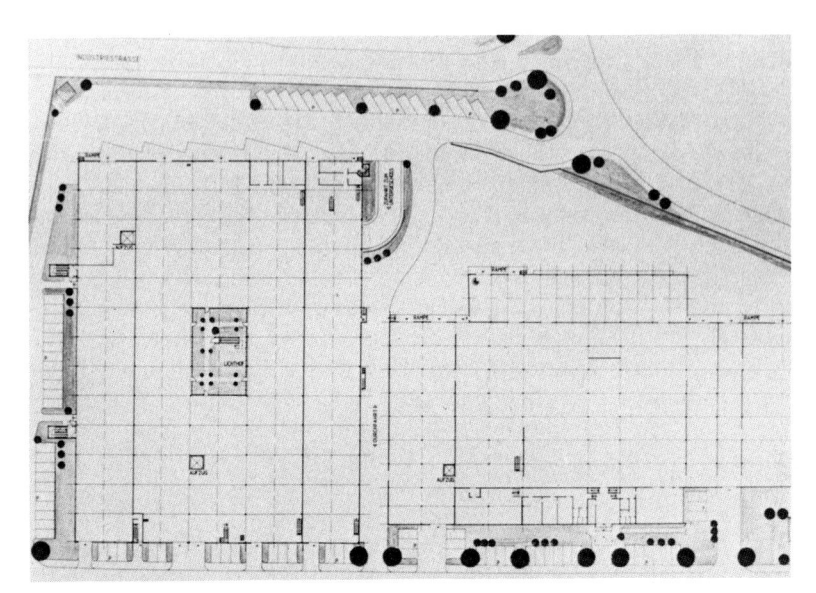

Abb. 11: Plankonzept "Industriepark Mosbach"

Abb. 12: Planerische Darstellung der Südost-Ansicht des Industrieparks Mosbach

Geschoßdecke eingezogen, so daß im Obergeschoß zusätzliche Büroraumqualität geschaffen werden kann. Das endgültige Plankonzept zeigt Abbildung 11. Derzeit sind die Umbaumaßnahmen in vollem Gange, eine Halle wurde bereits fertiggestellt und von einer Firma bezogen.

Der Kostenaufwand für das gesamte Sanierungsvorhaben beträgt 14,5 Mio. DM. Bei einem Kaufpreis von 6,5 Mio. schlagen die Umbau- und Finanzierungskosten mit 8 Mio. zu Buche. Diese Ausgaben werden durch 9,6 Mio. Zuschüsse von Bund, Land und Stadt gedeckt, der Rest soll durch Veräußerungserlöse und Mieteinnahmen erzielt werden. Voraussetzung hierfür ist, daß die Stadt Mosbach über einen Zeitraum von 5 Jahren Besitzer des gesamten Anwesens bleibt. Erst danach kann eine Reprivatisierung des Anteils erfolgen, in dem die Umbaumaßnahmen unter der Regie der Stadt Mosbach durchgeführt werden. 10.000 qm Hallenfläche stellen den Industriepark Mosbach dar, von dem Abbildung 12 die geplante Ost- sowie Abbildung 13 die Westfassade in der Skizze darstellt.

Abb. 13: Planerische Darstellung der Nordwest-Ansicht des Industrieparks Mosbach

Schlußbemerkungen

Das Konzept der Industrieparks, Gewerbehöfe oder Technologiefabriken ist sicherlich nicht neu und kann nicht grundsätzlich als Allheilmittel bei der Wiederverwertung von Industriebrachen gesehen werden. Erfolge bei der Vermarktung solchermaßen geschaffener Industrieflächen hängen ganz eindeutig mit der gesamtkonjunkturellen Entwicklung zusammen. In der momentanen Phase wurden die Bemühungen der Stadt Mosbach belohnt, denn bisher ist rund die Hälfte der Fläche an zukünftige Mieter vergeben, der Anteil an veräußerter Fläche nicht mitgerechnet.

Fest steht, daß die Kommune damit in Randbereiche kommunalen Handelns vordringt, die mit dem üblichen Verwaltungsapparat kaum noch zu bewältigen sind. Eine Reihe begleitender Maßnahmen, sei es ein städtisches Existenzgründungsprogramm zur Mietreduzierung, verstärkte Öffentlichkeitsarbeit oder eine Marketing-Strategie zur Vermarktung dieser Flächen, sind notwendige Beigaben. Die Notwendigkeit, sich solchen Aufgaben zu stellen, ist zum einen gegeben durch den Zwang, möglichst viele neue Arbeitsplätze im produzierenden Bereich zu schaffen, zum anderen aber auch durch die immer knapper werdenden Flächenressourcen, die für gewerbliches Baugelände noch zur Verfügung stehen. Ökonomie und Ökologie sind in diesem Fragenkreis keine Gegensätze, sondern sich verstärkende Komponenten.

Literaturverzeichnis

BUNDESFORSCHUNGSANSTALT FÜR LANDESKUNDE UND RAUMORDNUNG (Hrsg.) (1986): Städtebauliche Brachflächen und Flächenreaktivierung. - Informationen zur Raumentwicklung, H. 3

DIETERICH, H. (1985): Umwidmung brachliegender Gewerbe- und Verkehrsflächen. - Schriftenreihe 03 "Städtebauliche Forschung" des Bundesministers für Raumordnung, Bauwesen und Städtebau, H. 03112

INDUSTRIEPARK MOSBACH (1987): Informationsbroschüre der Stadt Mosbach

INSTITUT FÜR LANDES- UND STADTENTWICKLUNGSFORSCHUNG NORDRHEIN-WESTFALEN (Hrsg.) (1984): Umnutzung von Fabriken - Übersicht und Beispiele. - Schriftenreihe des ILS, Bd. 2.047

HEIDELBERGER GEOGRAPHISCHE ARBEITEN

Heft 1 Felix Monheim: Beiträge zur Klimatologie und Hydrologie des Titicacabeckens. 1956. 152 Seiten, 38 Tabellen, 13 Figuren, 3 Karten im Text und 1 Karte im Anhang. DM 12,—

Heft 2 Adolf Zienert: Die Großformen des Odenwaldes. 1957. 156 Seiten, 1 Abbildung, 6 Figuren, 4 Karten, davon 2 mit Deckblatt. Vergriffen

Heft 3 Franz Tichy: Die Land- und Waldwirtschaftsformationen des kleinen Odenwaldes. 1958. 154 Seiten, 21 Tabellen, 18 Figuren, 6 Abbildungen, 4 Karten. vergriffen

Heft 4 Don E. Totten: Erdöl in Saudi-Arabien. 1959. 174 Seiten, 1 Tabelle, 11 Abbildungen, 16 Figuren. DM 15,—

Heft 5 Felix Monheim: Die Agrargeographie des Neckarschwemmkegels. 1961. 118 Seiten, 50 Tabellen, 11 Abbildungen, 7 Figuren, 3 Karten. DM 22,80

Heft 6 Alfred Hettner – 6. 8. 1859. Gedenkschrift zum 100. Geburtstag. Mit Beiträgen von E. Plewe und F. Metz, drei selbstbiograph. Skizzen A. Hettners und einer vollständigen Bibliographie. 1960. 88 Seiten, mit einem Bild Hettners. vergriffen

Heft 7 Hans-Jürgen Nitz: Die ländlichen Siedlungsformen des Odenwaldes. 1962. 146 Seiten, 35 Figuren, 1 Abbildung, 2 Karten. vergriffen

Heft 8 Franz Tichy: Die Wälder der Basilicata und die Entwaldung im 19. Jahrhundert. 1962. 175 Seiten, 15 Tabellen, 19 Figuren, 16 Abbildungen, 3 Karten. DM 29,80

Heft 9 Hans Graul: Geomorphologische Studien zum Jungquartär des nördlichen Alpenvorlandes. Teil I: Das Schweizer Mittelland. 1962. 104 Seiten, 6 Figuren, 6 Falttafeln. DM 24,80

Heft 10 Wendelin Klaer: Eine Landnutzungskarte von Libanon. 1962. 56 Seiten, 7 Figuren, 23 Abbildungen, 1 farbige Karte. DM 20,20

Heft 11 Wendelin Klaer: Untersuchungen zur klimagenetischen Geomorphologie in den Hochgebirgen Vorderasiens. 1963. 135 Seiten, 11 Figuren, 51 Abbildungen, 4 Karten. DM 30,70

Heft 12 Erdmann Gormsen: Barquisimeto, eine Handelsstadt in Venezuela. 1963. 143 Seiten, 11 Karten, 26 Tabellen, 16 Abbildungen. DM 32,—

Heft 13 Ingo Kühne: Der südöstliche Odenwald und das angrenzende Bauland. 1964. 364 Seiten, 20 Tabellen, 22 Karten. vergriffen

Heft 14 Hermann Overbeck: Kulturlandschaftsforschung und Landeskunde. 1965. 357 Seiten, 1 Bild, 5 Karten, 6 Figuren. vergriffen

Heft 15 Heidelberger Studien zur Kulturgeographie. Festgabe für Gottfried Pfeifer. 1966. 373 Seiten, 11 Karten, 13 Tabellen, 39 Figuren, 48 Abbildungen. vergriffen

Heft 16 Udo Högy: Das rechtsrheinische Rhein-Neckar-Gebiet in seiner zentralörtlichen Bereichsgliederung auf der Grundlage der Stadt-Land-Beziehungen. 1966. 199 Seiten, 6 Karten. vergriffen

Heft 17 Hanna Bremer: Zur Morphologie von Zentralaustralien. 1967. 224 Seiten, 6 Karten, 21 Figuren, 48 Abbildungen. DM 28,—

Sämtliche Hefte sind über das Geographische Institut der Universität Heidelberg zu beziehen.

HEIDELBERGER GEOGRAPHISCHE ARBEITEN

Heft 18 Gisbert Glaser: Der Sonderkulturanbau zu beiden Seiten des nördlichen Oberrheins zwischen Karlsruhe und Worms. Eine agrargeographische Untersuchung unter besonderer Berücksichtigung des Standortproblems. 1967. 302 Seiten, 116 Tabellen und 12 Karten.
DM 20,80

Heft 19 Kurt Metzger: Physikalisch-chemische Untersuchungen an fossilen und relikten Böden im Nordgebiet des alten Rheingletschers. 1968. 99 Seiten, 8 Figuren, 9 Tabellen, 7 Diagramme, 6 Abbildungen.
DM 9,80

Heft 20 Beiträge zu den Exkursionen anläßlich der DEUQUA-Tagung August 1968 in Biberach an der Riß. Zusammengestellt von Hans Graul. 1968. 124 Seiten, 11 Karten. 16 Figuren, 8 Diagramme und 1 Abbildung.
DM 12,—

Heft 21 Gerd Kohlhepp: Industriegeographie des nördlichen Santa Catarina (Südbrasilien). Ein Beitrag zur Geographie eines deutsch-brasilianischen Siedlungsgebietes. 1968. 402 Seiten, 31 Karten, 2 Figuren, 15 Tabellen und 11 Abbildungen.
vergriffen

Heft 22 Heinz Musall: Die Entwicklung der Kulturlandschaft der Rheinniederung zwischen Karlsruhe und Speyer vom Ende des 16. bis zum Ende des 19. Jahrhunderts. 1969. 274 Seiten, 55 Karten, 9 Tabellen und 3 Abbildungen
vergriffen

Heft 23 Gerd R. Zimmermann: Die bäuerliche Kulturlandschaft in Südgalicien. Beitrag zur Geographie eines Übergangsgebietes auf der Iberischen Halbinsel. 1969. 224 Seiten, 20 Karten, 19 Tabellen, 8 Abbildungen.
DM 21,—

Heft 24 Fritz Fezer: Tiefenverwitterung circumalpiner Pleistozänschotter. 1969. 144 Seiten, 90 Figuren, 4 Abbildungen und 1 Tabelle. DM 16,—

Heft 25 Naji Abbas Ahmad: Die ländlichen Lebensformen und die Agrarentwicklung in Tripolitanien. 1969. 304 Seiten, 10 Karten und 5 Abbildungen.
DM 20,—

Heft 26 Ute Braun: Der Felsberg im Odenwald. Eine geomorphologische Monographie. 1969. 176 Seiten, 3 Karten, 14 Figuren, 4 Tabellen und 9 Abbildungen.
DM 15,—

Heft 27 Ernst Löffler: Untersuchungen zum eiszeitlichen und rezenten klimagenetischen Formenschatz in den Gebirgen Nordostanatoliens. 1970. 162 Seiten, 10 Figuren und 57 Abbildungen. DM 19,80

Heft 28 Hans-Jürgen Nitz: Formen der Landwirtschaft und ihre räumliche Ordnung in der oberen Gangesebene. IX, 193 S., 41 Abbildungen, 21 Tabellen, 8 Farbtafeln. Wiesbaden: Franz Steiner Verlag 1974. vergriffen

Heft 29 Wilfried Heller: Der Fremdenverkehr im Salzkammergut – eine Studie aus geographischer Sicht. 1970. 224 S., 15 Karten, 34 Tabellen.
DM 32,—

Heft 30 Horst Eichler: Das präwürmzeitliche Pleistozän zwischen Riss und oberer Rottum. Ein Beitrag zur Stratigraphie des nordöstlichen Rheingletschergebietes. 1970. 144 Seiten, 5 Karten, 2 Profile, 10 Figuren, 4 Tabellen und 4 Abbildungen.
DM 14,—

Heft 31 Dietrich M. Zimmer: Die Industrialisierung der Bluegrass Region von Kentucky. 1970. 196 Seiten, 16 Karten, 5 Figuren, 45 Tabellen und 11 Abbildungen.
DM 21,50

Sämtliche Hefte sind über das Geographische Institut der Universität Heidelberg zu beziehen.

HEIDELBERGER GEOGRAPHISCHE ARBEITEN

Heft 32 Arnold Scheuerbrandt: Südwestdeutsche Stadttypen und Städtegruppen bis zum frühen 19. Jahrhundert. Ein Beitrag zur Kulturlandschaftsgeschichte und zur kulturräumlichen Gliederung des nördlichen Baden-Württemberg und seiner Nachbargebiete. 1972. 500 S., 22 Karten, 49 Figuren, 6 Tabellen vergriffen

Heft 33 Jürgen Blenck: Die Insel Reichenau. Eine agrargeographische Untersuchung. 1971. 248 Seiten, 32 Diagramme, 22 Karten, 13 Abbildungen und 90 Tabellen. DM 52,—

Heft 34 Beiträge zur Geographie Brasiliens. Von G. Glaser, G. Kohlhepp, R. Mousinho de Meis, M. Novaes Pinto und O. Valverde. 1971. 97 Seiten, 7 Karten, 12 Figuren, 8 Tabellen und 7 Abbildungen. vergriffen

Heft 35 Brigitte Grohmann-Kerouach: Der Siedlungsraum der Ait Ouriaghel im östlichen Rif. 1971. 226 Seiten, 32 Karten, 16 Figuren und 17 Abbildungen. DM 20,40

Heft 36 Symposium zur Agrargeographie anläßlich des 80. Geburtstages von Leo Waibel am 22.2.1968. 1971. 130 Seiten. vergriffen

Heft 37 Peter Sinn: Zur Stratigraphie und Paläogeographie des Präwürm im mittleren und südlichen Illergletscher-Vorland. 1972. XVI, 159 S., 5 Karten, 21 Figuren, 13 Abbildungen, 12 Längsprofile, 11 Tabellen. DM 22,—

Heft 38 Sammlung quartärmorphologischer Studien I. Mit Beiträgen von K. Metzger, U. Herrmann, U. Kuhne, P. Imschweiler, H.-G. Prowald, M. Jauß †, P. Sinn, H.-J. Spitzner, D. Hiersemann, A. Zienert, R. Weinhardt, M. Geiger, H. Graul und H. Völk. 1973. 286 S., 13 Karten, 39 Figuren, 3 Skizzen, 31 Tabellen, 16 Abbildungen. DM 31,—

Heft 39 Udo Kuhne: Zur Stratifizierung und Gliederung quartärer Akkumulationen aus dem Bièvre-Valloire, einschließlich der Schotterkörper zwischen St.-Rambert-d'Albon und der Enge von Vienne. 94 Seiten, 11 Karten, 2 Profile, 6 Abbildungen, 15 Figuren und 5 Tabellen (mit englischem summary und französischem résumé). 1974. DM 24,—

Heft 40 Hans Graul-Festschrift. Mit Beiträgen von W. Fricke, H. Karrasch, H. Kohl, U. Kuhne, M. Löscher u. M. Léger, L. Piffl, L. Scheuenpflug, P. Sinn, J. Werner, A. Zienert, H. Eichler, F. Fezer, M. Geiger, G. Meier-Hilbert, H. Bremer, K. Brunnacker, H. Dongus, A. Kessler, W. Klaer, K. Metzger, H. Völk, F. Weidenbach, U. Ewald, H. Musall u. A. Scheuerbrandt, G. Pfeifer, J. Blenck, G. Glaser, G. Kohlhepp, H.-J. Nitz, G. Zimmermann, W. Heller, W. Mikus. 1974. 504 Seiten, 45 Karten, 59 Figuren und 30 Abbildungen. DM 44,—

Heft 41 Gerd Kohlhepp: Agrarkolonisation in Nord-Paraná. Wirtschafts- und sozialgeographische Entwicklungsprozesse einer randtropischen Pionierzone Brasiliens unter dem Einfluß des Kaffeeanbaus. Wiesbaden: Franz Steiner Verlag 1974. DM 94,—

Heft 42 Werner Fricke, Anneliese Illner und Marianne Fricke: Schrifttum zur Regionalplanung und Raumstruktur des Oberrheingebietes. 1974. 93 Seiten DM 10,—

Heft 43 Horst Georg Reinhold: Citruswirtschaft in Israel. 1975. 307 S., 7 Karten, 7 Figuren, 8 Abbildungen, 25 Tabellen. DM 30,—

Sämtliche Hefte sind über das Geographische Institut der Universität Heidelberg zu beziehen.

HEIDELBERGER GEOGRAPHISCHE ARBEITEN

Heft 44 Jürgen Strassel: Semiotische Aspekte der geographischen Erklärung. Gedanken zur Fixierung eines metatheoretischen Problems in der Geographie. 1975. 244 S. DM 30,—

Heft 45 M. Löscher: Die präwürmzeitlichen Schotterablagerungen in der nördlichen Iller-Lech-Platte. 1976. XI, 157 S., 4 Karten, 11 Längs- und Querprofile, 26 Figuren, 3 Tabellen, 8 Abbildungen. DM 30,—

Heft 46 Heidelberg und der Rhein-Neckar-Raum. Sammlung sozial- und stadtgeographischer Studien. Mit Beiträgen von B. Berken, W. Fricke, W. Gaebe, E. Gormsen, R. Heinzmann, A. Krüger, C. Mahn, H. Musall, T. Neubauer, C. Rösel, A. Scheuerbrandt, B. Uhl und H.-O. Waldt. 1981. 335 S. vergriffen

Heft 47 Fritz Fezer und R. Seitz (Herausg.): Klimatologische Untersuchungen im Rhein-Neckar-Raum. Mit Beiträgen von H. Eichler, F. Fezer, B. Friese, M. Geiger, R. Hille, K. Jasinski, R. Leska, B. Oehmann, D. Sattler, A. Schorb, R. Seitz, G. Vogt und R. Zimmermann. 1978. 243 S., 111 Abbildungen, 11 Tabellen. DM 31,—

Heft 48 G. Höfle: Das Londoner Stadthaus, seine Entwicklung in Grundriß, Aufriß und Funktion. 1977. 232 S., 5 Karten, 50 Figuren, 6 Tabellen und 26 Abbildungen. DM 34,—

Heft 49 Sammlung quartärmorphologischer Studien II. Mit Beiträgen von W. Essig, H. Graul, W. König, M. Löscher, K. Rögner, L. Scheuenpflug, A. Zienert u. a. 1979. 226 S. DM 35,—

Heft 50 Hans Graul: Geomorphologischer Exkursionsführer für den Odenwald. 1977. 212 S., 40 Figuren und 14 Tabellen. vergriffen

Heft 51 F. Ammann: Analyse der Nachfrageseite der motorisierten Naherholung im Rhein-Neckar-Raum. 1978. 163 S., 22 Karten, 6 Abbildungen, 5 Figuren und 46 Tabellen. DM 31,—

Heft 52 Werner Fricke: Cattle Husbandry in Nigeria. A study of its ecological conditions and social-geographical differentiations. 1979. 328 S., 33 Maps, 20 Figures, 52 Tables, and 47 Plates. vergriffen

Heft 53 Adolf Zienert: Klima-, Boden- und Vegetationszonen der Erde. Eine Einführung. 1979. 34 Abb., 9 Tab. DM 21,—

Heft 54 Reinhard Henkel: Central Places in Western Kenya. A comparative regional study using quantitative methods. 1979. 274 S., 53 Maps, 40 Figures, and 63 Tables. vergriffen

Heft 55 Hans-Jürgen Speichert: Gras-Ellenbach, Hammelbach, Litzelbach, Scharbach, Wahlen. Die Entwicklung ausgewählter Fremdenverkehrsorte im Odenwald. 1979. 184 S., 8 Karten, 97 Tabellen. DM 31,—

Heft 56 Wolfgang-Albert Flügel: Untersuchungen zum Problem des Interflow. Messungen der Bodenfeuchte, der Hangwasserbewegung, der Grundwassererneuerung und des Abflußverhaltens der Elsenz im Versuchsgebiet Hollmuth/Kleiner Odenwald. 1979. 170 S., 3 Karten, 27 Figuren, 12 Abbildungen, 60 Tabellen. DM 29,—

Heft 57 Werner Mikus: Industrielle Verbundsysteme. Studien zur räumlichen Organisation der Industrie am Beispiel von Mehrwerksunternehmen in Südwestdeutschland, der Schweiz und Oberitalien. Unter Mitarbeit von G. Kost, G. Lamche und H. Musall. 1979. 173 S., 42 Figuren, 45 Tabellen. vergriffen

Sämtliche Hefte sind über das Geographische Institut der Universität Heidelberg zu beziehen.

HEIDELBERGER GEOGRAPHISCHE ARBEITEN

Heft 58 Hellmut R. Völk: Quartäre Reliefentwicklung in Südostspanien. Eine stratigraphische, sedimentologische und bodenkundliche Studie zur klimamorphologischen Entwicklung des mediterranen Quartärs im Becken von Vera. 1979. 143 S., 1 Karte, 11 Figuren, 11 Tabellen und 28 Abb.
DM 28,—

Heft 59 Christa Mahn: Periodische Märkte und zentrale Orte – Raumstrukturen und Verflechtungsbereiche in Nord-Ghana. 1980. 197 S., 20 Karten, 22 Figuren und 50 Tabellen.
DM 28,—

Heft 60 Wolfgang Herden: Die rezente Bevölkerungs- und Bausubstanzentwicklung des westlichen Rhein-Neckar-Raumes. Eine quantitative und qualitative Analyse. 1983. 229 S., 27 Karten, 43 Figuren und 34 Tabellen.
DM 39,—

Heft 61 Traute Neubauer: Der Suburbanisierungsprozeß an der Nördlichen Badischen Bergstraße. 1979. 252 S., 29 Karten, 23 Figuren, 89 Tabellen.
DM 35,—

Heft 62 Gudrun Schultz: Die nördliche Ortenau. Bevölkerung, Wirtschaft und Siedlung unter dem Einfluß der Industrialisierung in Baden. 1982. 350 S., 96 Tabellen, 12 Figuren und 43 Karten.
DM 35,—

Heft 63 Roland Vetter: Alt-Eberbach 1800–1975. Entwicklung der Bausubstanz und der Bevölkerung im Übergang von der vorindustriellen Gewerbestadt zum heutigen Kerngebiet Eberbachs. 1981. 496 S., 73 Karten, 38 Figuren und 101 Tabellen.
vergriffen

Heft 64 Jochen Schröder: Veränderungen in der Agrar- und Sozialstruktur im mittleren Nordengland seit dem Landwirtschaftsgesetz von 1947. Ein Beitrag zur regionalen Agrargeographie Großbritanniens, dargestellt anhand eines W-E-Profils von der Irischen See zur Nordsee. 1983. 206 S., 14 Karten, 9 Figuren, 21 Abbildungen und 39 Tabellen.
DM 36,—

Heft 65 Fränzle et al.: Legendenentwurf für die geomorphologische Karte 1:100.000 (GMK 100). 1979. 18 S.
vergriffen

Heft 66 Dietrich Barsch und Wolfgang-Albert Flügel (Hrsg.): Niederschlag, Grundwasser, Abfluß. Ergebnisse aus dem hydrologisch-geomorphologischen Versuchsgebiet „Hollmuth". Mit Beiträgen von D. Barsch, R. Dikau, W.-A. Flügel, M. Friedrich, J. Schaar, A. Schorb, O. Schwarz und H. Wimmer. 1988. 275 S., 42 Tab., 106 Abb.
DM 47,—

Heft 67 German Müller et al.: Verteilungsmuster von Schwermetallen in einem ländlichen Raum am Beispiel der Elsenz (Nordbaden) (In Vorbereitung)

Heft 68 Robert König: Die Wohnflächenbestände der Gemeinden der Vorderpfalz. Bestandsaufnahme, Typisierung und zeitliche Begrenzung der Flächenverfügbarkeit raumfordernder Wohnfunktionsprozesse. 1980. 226 S., 46 Karten, 16 Figuren, 17 Tabellen und 7 Tafeln.
DM 32,—

Heft 69 Dietrich Barsch und Lorenz King (Hrsg.): Ergebnisse der Heidelberg-Ellesmere Island-Expedition. Mit Beiträgen von D. Barsch, H. Eichler, W.-A. Flügel, G. Hell, L. King, R. Mäusebacher und H.R. Völk. 1981. 573 S., 203 Abb., 92 Tabellen und 2 Karten als Beilage.
DM 70,—

Heft 70 Erläuterungen zur Siedlungskarte Ostafrika (Blatt Lake Victoria). Mit Beiträgen von W. Fricke, R. Henkel und Chr. Mahn. (In Vorbereitung)

Sämtliche Hefte sind über das Geographische Institut der Universität Heidelberg zu beziehen.

HEIDELBERGER GEOGRAPHISCHE ARBEITEN

Heft 71 Stand der grenzüberschreitenden Raumordnung am Oberrhein. Kolloquium zwischen Politikern, Wissenschaftlern und Praktikern über Sach- und Organisationsprobleme bei der Einrichtung einer grenzüberschreitenden Raumordnung im Oberrheingebiet und Fallstudie: Straßburg und Kehl. 1981. 116 Seiten, 13 Abbildungen. DM 15,—

Heft 72 Adolf Zienert: Die witterungsklimatische Gliederung der Kontinente und Ozeane. 1981. 20 Seiten, 3 Abbildungen; mit farbiger Karte 1:50 Mill. DM 12,—

Heft 73 American-German International Seminar. Geography and Regional Policy: Resource Management by Complex Political Systems. Editors: John S. Adams, Werner Fricke and Wolfgang Herden. 1983. 387 P., 23 Maps, 47 Figures and 45 Tables. DM 50,—

Heft 74 Ulrich Wagner: Tauberbischofsheim und Bad Mergentheim. Eine Analyse der Raumbeziehungen zweier Städte in der frühen Neuzeit. 1985. 326 Seiten, 43 Karten, 11 Abbildungen und 19 Tabellen. DM 58,—

Heft 75 Kurt Hiehle-Festschrift. Mit Beiträgen von U. Gerdes, K. Goppold, E. Gormsen, U. Henrich, W. Lehmann, K. Lüll, R. Möhn, C. Niemeitz, D. Schmidt-Vogt, M. Schumacher und H.-J. Weiland. 1982. 256 Seiten, 37 Karten, 51 Figuren, 32 Tabellen und 4 Abbildungen. DM 25,—

Heft 76 Lorenz King: Permafrost in Skandinavien — Untersuchungsergebnisse aus Lappland, Jotunheimen und Dovre/Rondane. 1984. 174 Seiten, 72 Abbildungen und 24 Tabellen. DM 38,—

Heft 77 Ulrike Sailer: Untersuchungen zur Bedeutung der Flurbereinigung für agrarstrukturelle Veränderungen — dargestellt am Beispiel des Kraichgaus. 1984. 308 S., 36 Karten, 58 Figuren und 116 Tabellen. DM 44,—

Heft 78 Klaus-Dieter Roos: Die Zusammenhänge zwischen Bausubstanz und Bevölkerungsstruktur — dargestellt am Beispiel der südwestdeutschen Städte Eppingen und Mosbach. 1985. 154 Seiten, 27 Figuren, 48 Tabellen, 6 Abbildungen und 11 Karten. DM 29,—

Heft 79 Klaus Peter Wiesner: Programme zur Erfassung von Landschaftsdaten, eine Bodenerosionsgleichung und ein Modell der Kaltluftentstehung. 1986. 83 Seiten, 23 Abbildungen, 20 Tabellen und 1 Karte. DM 26,—

Heft 80 Achim Schorb: Untersuchungen zum Einfluß von Straßen auf Boden, Grund- und Oberflächenwässer am Beispiel eines Testgebietes im Kleinen Odenwald. 1988. 193 S., 1 Karte, 176 Abb., 60 Tab. DM 37,—

Heft 81 Richard Dikau: Experimentelle Untersuchungen zu Oberflächenabfluß und Bodenabtrag von Meßparzellen und landwirtschaftlichen Nutzflächen. 1986. 195 Seiten, 70 Abbildungen und 50 Tabellen. DM 38,—

Heft 82 Cornelia Niemeitz: Die Rolle des PKW im beruflichen Pendelverkehr in der Randzone des Verdichtungsraumes Rhein-Neckar. 1986. 203 Seiten, 13 Karten, 65 Figuren und 43 Tabellen. DM 34,—

Heft 83 Werner Fricke und Erhard Hinz (Hrsg.): Räumliche Persistenz und Diffusion von Krankheiten. Vorträge des 5. geomedizinischen Symposiums in Reisenburg, 1984, und der Sitzung des Arbeitskreises Medizinische Geographie/Geomedizin in Berlin, 1985. 1987. 279 Seiten, 42 Abildungen, 9 Figuren, 19 Tabellen, 13 Karten. DM 58,—

Sämtliche Hefte sind über das Geographische Institut der Universität Heidelberg zu beziehen.

HEIDELBERGER GEOGRAPHISCHE ARBEITEN

Heft 84 Martin Karsten: Eine Analyse der phänologischen Methode in der Stadtklimatologie am Beispiel der Kartierung Mannheims. 1986. 136 Seiten, 19 Tabellen, 27 Figuren, 5 Abbildungen, 19 Karten. DM 30,—

Heft 85 Reinhard Henkel und Wolfgang Herden (Hrsg.): Stadtforschung und Regionalplanung in Industrie- und Entwicklungsländern. Vorträge des Festkolloquiums zum 60. Geburtstag von Werner Fricke. 1989. 89 Seiten, 34 Abbildungen und 5 Tabellen. DM 18,—

Heft 86 Jürgen Schaar: Untersuchungen zum Wasserhaushalt kleiner Einzugsgebiete im Elsenztal/Kraichgau. 1989. 169 Seiten, 48 Abbildungen und 29 Tabellen. DM 32,—

Heft 87 Jürgen Schmude: Die Feminisierung des Lehrberufs an öffentlichen, allgemeinbildenden Schulen in Baden-Württemberg, eine raum-zeitliche Analyse. DM 30,—

Sämtliche Hefte sind über das Geographische Institut der Universität Heidelberg zu beziehen.

HEIDELBERGER GEOGRAPHISCHE BAUSTEINE

Heft 1   D. BARSCH, R. DIKAU, W. SCHUSTER: Heidelberger Geomorphologisches Programmsystem. 1986. 60 S.   DM 9,—

Heft 2   N. SCHÖN und P. MEUSBURGER: Geothem — I. Software zur computerunterstützten Kartographie. 1986. 74 S.   DM 8,—

Heft 3   J. SCHMUDE und J. SCHWEIKART: SAS. Eine anwendungsorientierte Einführung in das Statistikprogrammpaket „Statistical Analysis System". 1987. 50 S.   vergriffen

Heft 5   R. DIKAU: Entwurf einer geomorphographisch — analytischen Systematik von Reliefeinheiten. 1988. 45 S.   DM 10,—

Heft 6   N. SCHÖN, S. KLEIN, P. MEUSBURGER, G. ROTH, J. SCHMUDE, G. STRIFLER: DIGI und CHQROTEK. Software zum Digitalisieren und zur computergestützten Kartographie. 1988. 91 S.   DM 8,—

Heft 7   J. SCHWEIKART, J. SCHMUDE, G. OLBRICH, U. BERGER: Graphische Datenverarbeitung mit SAS/GRAPH — Eine Einführung. 1989, 76 S.   DM 8,—

Sämtliche Hefte sind über das Geographische Institut der Universität Heidelberg zu beziehen.